AF326048

L'ASSOCIATION

DOUANIÈRE

DE L'EUROPE CENTRALE

ÉTUDE

PAR

RICHARD DE KAUFMANN

DOCTEUR EN DROIT ET EN PHILOSOPHIE

PARIS

LIBRAIRIE DE GUILLAUMIN ET Cie

Éditeurs du Journal des Économistes, de la Collection des principaux Économistes, du Dictionnaire
de l'Économie politique, du Dictionnaire du Commerce et de la Navigation, etc.

RUE DE RICHELIEU, 14

L'ASSOCIATION DOUANIÈRE

DE L'EUROPE CENTRALE

L'ASSOCIATION

DOUANIÈRE

DE L'EUROPE CENTRALE

ÉTUDE

PAR

RICHARD DE KAUFMANN

DOCTEUR EN DROIT ET EN PHILOSOPHIE

PARIS

LIBRAIRIE DE GUILLAUMIN ET Cie

Éditeurs du Journal des Économistes, de la Collection des principaux Économistes, du Dictionnaire
de l'Économie politique, du Dictionnaire du Commerce et de la Navigation, etc.

RUE DE RICHELIEU, 14

L'ASSOCIATION DOUANIÈRE

DE L'EUROPE CENTRALE

I. — INTRODUCTION.

L'idée d'une association douanière de l'Europe centrale n'est pas nouvelle (1), mais elle est bonne, et cette qualité est préférable à l'autre. En nous chargeant d'en démontrer l'importance et d'insister sur les résultats bienfaisants qu'elle peut avoir, nous ne sommes donc mu par aucun amour-propre ; c'est l'intérêt général qui nous inspire, et de cet intérêt il sera facile de faire ressortir l'évidence.

Le germe de l'idée d'une association douanière flottait dans l'air depuis quelque temps sous la forme de vagues et souvent utopiques aspirations, c'était l'effet naturel du développement du commerce et de l'industrie. Quand les temps sont mûrs pour que s'accomplisse la nouvelle évolution qui se préparait en silence, les signes précurseurs se présentent de plusieurs côtés à la fois. C'est en pareil cas que les inventions

_____

(1) Voici ce qu'écrivait Richelot il y a plus de vingt ans dans son livre de *l'Association douanière allemande ou le Zollverein* (Paris, 2ᵉ édition, 1859, chez Capelle, libraire ; page 456) : « Cette nouveauté d'une association de douanes entre plusieurs États a excité dans le monde un vif intérêt. Loin de la renfermer dans les limites de l'Allemagne, on s'est plu à l'étendre, à la généraliser. Les imaginations émues se sont donné carrière et ont réparti les États européens en divers groupes douaniers... »

se font, sans que l'on connaisse l'inventeur. On ne note aucun nom, car chacun croit y avoir contribué pour sa part : ce n'est pas un homme, c'est une époque qui a engendré l'idée.

Cette fois-ci, cependant, nous sommes assez heureux pour pouvoir mettre un nom. L'idée d'une association douanière de l'Europe centrale a reçu pour la première fois une forme tangible, nette et bien déterminée, sous la plume brillante de M. G. de Molinari (1). L'article du *Journal des Débats* (24 janvier 1879) où il l'exposa était loin, toutefois, de plaire à tout le monde, mais pour beaucoup, il était comme une révélation. Nous avons vu, depuis, des adversaires du projet revenir de leur première impression défavorable et le défendre avec zèle. C'est que l'auteur parlait un langage tout à fait positif, et en s'appuyant sur des faits connus, il demandait qu'on en tirât les conséquences qu'ils renferment.

Après avoir rappelé en quelques traits l'histoire du Zollverein allemand et signalé la prospérité industrielle et commerciale dont il a été la cause, il continue ainsi : « Ce progrès, ne serait-il pas possible aujourd'hui de le continuer et de l'étendre en supprimant les douanes intérieures du centre de l'Europe ? C'est un fait parfaitement connu des hommes spéciaux, quoique généralement ignoré du public, que le produit des douanes provient pour la plus forte part des denrées exotiques, et que les autres articles, en exceptant seulement les produits de provenance anglaise qui arrivent par les frontières maritimes, couvrent à peine

---

(1) Une idée analogue a été émise presque au même moment par M. Bergmann, de Strasbourg, dans une brochure intitulée : *les Conventions douanières futures*, etc. (Strasbourg, chez Schulz et C°, 1879), mais les propositions de M. Bergmann n'ont pas la netteté de celles de M. de Molinari.

leurs frais de perception ; en sorte que, si l'on supprimait, par exemple, les douanes qui séparent la
France, la Belgique, la Hollande, le Danemark, l'Autriche et la Suisse, en constituant un *Zollverein* entre
ces différents États, la quote-part qu'ils recevraient
dans la totalité des produits de la ligne de ceinture
commune équivaudrait au montant actuel de leurs
recettes; peut-être, probablement même, seraient-elles
supérieures. » M. de Molinari montre ensuite comment
il comprend l'application de son idée, quelles difficultés
elle aura à vaincre et combien le nombre de ses partisans augmentera, lorsqu'on aura vu que l'association
douanière assure et étend les débouchés qui sont la condition d'existence de toute industrie.

Nous aurons sans doute à revenir sur les arguments
de M. de Molinari, mais nous devons avant tout suivre
l'effet de son idée sur l'esprit des lecteurs : il n'y
a de meilleur contrôle pour le raisonnement d'un homme
que le raisonnement d'un autre homme. Ce contrôle,
la Société d'économie politique de Paris allait être la
première à l'exercer. Sur la proposition de son éminent
secrétaire perpétuel, M. Joseph Garnier, sénateur,
membre de l'Institut, l'*Union douanière de l'Europe centrale* devint le sujet de la discussion dans la réunion
du 5 février 1879. M. J. Garnier avait déjà reproduit
dans *le Journal des Économistes*, dont il est le rédacteur
en chef, le remarquable article de M. de Molinari;
ce travail est ainsi rendu généralement accessible, on
le trouvera dans le numéro du 15 février 1879.

Selon l'usage, M. de Molinari ouvre la séance par
un court exposé de ses vues, dans lequel il insiste
surtout sur l'utilité de créer un marché de 130 millions d'habitants.

M. Leroy-Beaulieu, qui est devenu depuis un zélé
partisan de l'idée, combat alors l'*opportunisme* de cette

proposition. « Il croit (1) qu'elle est venue trente ans trop tard ou trente ans trop tôt ; qu'elle aurait eu de meilleurs chances de succès à une époque pacifique comme était celle du règne de Louis-Philippe ; que l'exemple du Zollverein ne saurait être invoqué en faveur d'une Union qui renfermerait des peuples de races différentes ; qu'elle donnerait naissance à des contestations et à des querelles qui augmenteraient le nombre des causes de guerre au lieu de les diminuer

» Il ne croit pas qu'on puisse trouver une base équitable de répartition pour les recettes de l'Union ; enfin, la péréquation des accises lui paraît une chose impossible dans l'état présent des choses. M. Leroy-Beaulieu croit cependant que quelques-uns de nos impôts indirects pourraient être diminués sans compromettre les recettes du Trésor, mais l'écart entre le taux de nos droits et celui des autres nations est trop considérable ; on ne sait pour ainsi dire pas ce que c'est que d'être taxé en Allemagne et même en Autriche (2). Il nous faudrait en France, pour rendre l'Union praticable, renoncer à un milliard de taxes indirectes pour les demander à l'impôt direct. Est-ce possible ? Aux yeux de l'orateur, la péréquation des accises est une montagne infranchissable. » On lui montra cependant que le Zollverein allemand la franchit tous les jours, et depuis bien des années.

M. Paul Coq est plus particulièrement frappé des avantages de l'Union douanière de M. de Molinari que des inconvénients ou même des difficultés que cette création pourrait présenter. Pour être tout à fait rassuré, il n'a pas besoin de consulter les documents du

---

(1) Nous reproduisons l'analyse du *Journal des Économistes*.
(2) Soit dit en passant, M. Leroy-Beaulieu oublie ici un principe élémentaire de finances, celui de comparer le taux de l'impôt avec la richesse des contribuables.

Zollverein allemand, il suffit de s'inspirer de l'histoire de France. Au XVIII⁰ siècle encore, des douanes intérieures séparaient les provinces et même les villes, et la suppression de ces barrières a considérablement contribué à la prospérité du pays. Or, au moment où Turgot provoqua les édits sur la libre circulation, les taxes intérieures des provinces françaises n'avaient pas l'uniformité qu'on fait valoir comme une condition essentielle du Zollverein de l'Europe centrale.

M. A. Courtois voudrait aller plus loin que M. de Molinari, mais « comme il est pratique de procéder du simple au composé », la réalisation de cette idée « serait un progrès sérieux sur l'état actuel des choses ».

M. Pascal Duprat est d'avis que « on ne peut associer des peuples, de races et de langues différentes, même dans un but économique, qui devient forcément un but politique. Si le plan d'une Union douanière pouvait réussir, ce serait une union de la France avec les peuples de race latine ».

M. Ch.-M. Limousin voudrait établir « un système d'entente générale entre toutes les puissances »..., système qui « serait une excellente préparation à celui de M. de Molinari ».

M. Joseph Garnier ne se rend pas compte (et nous non plus) de ce que M. Limousin appelle une entente générale entre les puissances. L'entente, c'est l'Union, c'est le Zollverein. Or, pour cela, la diversité de race ou de nationalité, ou de religion, ne peut être une fin de non-recevoir.

« Il ne s'agit pas, continue M. le sénateur, de fusionner des sentiments, des religions, des gouvernements, des mœurs ; il s'agit simplement des droits de douane sur les soies, les cotons, etc. ; il s'agit de ne plus les payer entre divers États, chose très facile, et de *reporter le cordon douanier à une frontière plus éloignée.*

Au surplus, s'il peut y avoir encore en ce moment des répugnances internationales sur certains points, il faut considérer qu'il ne s'agit pas d'un projet de loi, auquel cas MM. Leroy-Beaulieu et Pascal Duprat auraient raison, mais d'un plan de Zollverein qui mérite d'être pris en considération par une Société comme l'est la Société d'économie politique. »

M. Joseph Garnier fait encore remarquer que tous les Zollvereins ont eu d'heureux résultats : celui des provinces françaises, celui des États-Unis, celui des cantons suisses, celui des trois royaumes britanniques, celui des États allemands, etc., etc.

M. de Molinari répond à M. Leroy-Beaulieu que s'il avait présenté sa proposition il y a trente ans, on n'aurait pas manqué de dire qu'elle venait trente ans trop tôt.

« En effet, dit-il, la France était encore prohibitionniste à cette époque, tandis que les autres nations avaient commencé à suivre l'exemple de l'Angleterre. Il fait remarquer qu'en Belgique et en Suisse des populations de race différente vivent non seulement sous le même régime économique, mais sous la même loi politique; il constate que le Zollverein a uni les Allemands au lieu de les diviser davantage, et il en conclut que si les Allemands qui sont naturellement querelleurs ont pu s'entendre entre eux sur la question douanière, c'est un bon signe que cette entente n'est pas impossible ; ils se sont entendus aussi sur la base de répartition, quoique la capacité de consommation soit fort inégale entre le Nord et le Midi.

« Enfin, l'orateur conteste absolument que l'union ne puisse être accomplie sans exiger en France le remplacement de 1 milliard de taxes indirectes par 1 milliard d'impôts directs; la différence entre nos acci-

ses et celles des autres pays est loin d'être aussi
forte, et partout, notamment en Allemagne, l'augmentation des dépenses oblige les gouvernements à demander aux accises un supplément de recettes. La péréquation des accises est une montagne, soit, mais
nous vivons dans un temps où il n'y a plus guère de
montagnes infranchissables. On a bien percé les Alpes,
et l'orateur pense que le percement des lignes de
douane qui gênent le commerce et les voyageurs du
continent ne serait pas une opération plus difficile. »

Nous avons déjà présenté au lecteur d'assez longues
citations, mais nous demandons la permission d'en
offrir encore deux ou trois pour montrer que l'idée
a fait son chemin, et que la question est à l'ordre du
jour. Ne doit-on pas battre le fer pendant qu'il est
chaud? Or parmi les journaux que nous avons recueillis,
nous trouvons *la France* du 15 octobre, où M. de Girardin traite la question à sa manière topique, ou,
comme on dit en Allemagne : *Er trifft den Nagel auf
den Kopf* (1) : Il veut une Europe-Unie pour l'opposer
aux États-Unis de l'Amérique. « Il faudrait être dénué
de toute clairvoyance politique pour ne pas se rendre
compte qu'avant peu d'années les États-Unis d'Amérique imposeront impérieusement, sous peine de concurrence impossible, de ruine industrielle et de révolution sociale, aux États désunis d'Europe, l'obligation
de licencier leurs armées et de n'avoir plus que la
force publique, celle-ci peu coûteuse, nécessaire au
maintien de l'exécution et du respect dû aux lois. »

M. de Girardin pousse son idée d'une Europe-Unie
jusqu'à un utopique désarmement, mais si nous avions
à le réfuter, il suffirait d'insister sur la première partie
du passage suivant, que nous empruntons à *la Liberté*

---

1 Il frappe juste.

du 17 octobre 1879. Après avoir parlé de l'alliance entre l'Allemagne et l'Autriche et de l'accession supposée de l'Angleterre, *la Liberté* continue : « Il serait sans doute à désirer que la France fût en position de s'associer à la politique de paix que ces nouveaux alliés doivent nécessairement poursuivre en consolidant l'œuvre du traité de Berlin ; mais l'heure n'est pas encore venue, et nos blessures sont encore trop douloureuses pour que l'union des races anglo-saxonnes, latines et germaniques, *la seule alliance rationnelle*, la seule efficace pour assurer le repos et le progrès de l'avenir, s'accomplisse dans l'oubli des haines passées *et dans l'intérêt de la civilisation*. Jusque-là nous devons rester spectateurs attentifs et recueillis des évènements qui se passent autour de nous.

» Il est cependant un point sur lequel il nous est possible de ne pas rester absolument en dehors du mouvement qui rapproche l'Europe occidentale de l'Europe centrale, c'est celui qui touche aux intérêts économiques. Une alliance politique sera de longtemps encore irréalisable, *mais une alliance commerciale n'a rien d'inconciliable avec notre patriotisme*. Nous nous bornons à signaler cette idée aux chefs des États qu'elle intéresse. La chose vaut la peine qu'ils s'en occupent, s'ils comprennent l'*influence salutaire que la solidarité des intérêts peut exercer sur les passions nationales*. »

Mentionnons en outre les deux articles insérés par M. Leroy-Beaulieu dans les numéros du 11 octobre et 1er novembre de *l'Économiste français*. L'auteur de ces articles ne recommande pas précisément un Zollverein entre la France, l'Allemagne, l'Autriche et quelques petits États voisins ; cependant, son union douanière doit englober cinq ou six États : la France, l'Italie, la Suisse, la Belgique, la Hollande et peut-être l'Espagne. L'auteur ne se dissimule pas les difficultés à vaincre pour réaliser ce projet, mais il ne les voit pas toutes ; en revanche il dit de bonnes choses en faveur des unions douanières, et peut-être en ferons-nous notre profit.

Enfin nous ne devons pas omettre que la presse allemande aussi s'est occupée de la question et qu'à l'occasion de la brochure de M. Bergmann, *la Gazette de l'Allemagne du Nord, la Bœrsenzeitung* de Berlin, et plusieurs autres, ont discuté l'idée d'une association douanière de l'Europe centrale.

Nous venons à notre tour d'étudier cette question si importante et si ardue sans prétendre en fournir une solution complète. Pareille tâche est au-dessus de la force d'un seul homme. C'est de la discussion que jaillit la lumière. Il faut d'ailleurs que les divers intérêts entrent en communication, qu'ils se comptent et se pèsent, afin de s'égaliser et de s'équilibrer. Ce sont les représentants des différents États qui seuls puissent — en y mettant de la bonne volonté — faire la part équitable de chacun. Notre propre tâche est plus modeste, nous avons à examiner les objections qu'on peut faire à l'idée d'une union douanière entre les États de l'Europe centrale et occidentale, et si nous réussissons à les réfuter, nous aurons beaucoup fait pour la réalisation de cette idée de paix et de progrès.

II. — LES OBJECTIONS POLITIQUES.

Débarrassons-nous, avant tout, d'un obstacle qui nous a été signalé dans quelques-unes des citations que nous venons de présenter au lecteur : nous voulons parler des objections politiques. La politique est ici une intruse, comme toute passion qui intervient dans les affaires, où la raison seule doit dominer. Les matières économiques ne sont pas habituellement du domaine de la passion. Selon un proverbe allemand, il n'y a pas de rapport entre les affaires et le sentiment. Les affaires se fondent sur les lois naturelles de la production, elles cherchent à exploiter ces lois, à en tirer le maximum de profits. En agriculture, on travaillera le sol avec vigueur et méthode pour obtenir le rendement le plus élevé; en industrie, on tendra à la diminution des frais, des déchets, des forces perdues, pour arriver au plus fort excédent possible des recettes sur les dépenses; en matière commerciale, on améliorera les moyens de transport, on s'ingéniera à bien acheter et à mieux vendre encore, afin de réaliser de gros bénéfices. Tout cela ne sont que des tâches intellectuelles, c'est la raison, le bon sens, la réflexion qui agissent, et s'ils subissent des influences sentimentales, c'est à leur corps défendant.

Et la politique? Celui qui soutiendrait que la raison n'y est pour rien, se rendrait purement et simplement ridicule. Concevrait-on un homme d'État sans intelligence? Le gouvernement des États exige, qui l'ignore, les plus grands efforts intellectuels, une rare réunion de dons naturels, de savoir et surtout de caractère, de volonté : voir clairement ce qu'on veut et ce qu'on peut, distinguer nettement le moyen, le vrai moyen, fixer sans hésitation le but à atteindre et y tendre avec persévérance, avec ténacité, et pourtant aussi savoir céder à point. Et malgré tout cela, le sentiment, et même les passions jouent un très grand rôle, souvent le rôle prépondérant, en politique. C'est que la politique n'est pas uniquement entre les mains des grands... et des petits hommes d'État, la nation entière y prend part ; ce sont les masses — nous voulons dire l'ensemble des citoyens — qui sont inspirées par les passions et qui pèsent sur les « classes gouvernantes. »

On ne nous demandera pas de présenter ici une nomenclature des sentiments ou des passions qui peuvent animer un peuple et réagir sur les hommes d'État, qui eux-mêmes, d'ailleurs, sont de leur nation, en partagent souvent les erreurs et les préjugés, et sont toujours influencés par les mêmes traditions. Ils sont au surplus, de droit, les représentants du patriotisme national, les agents naturels des ambitions et des rancunes de leur peuple. Dieu nous garde de médire du patriotisme ; ce qu'est à l'homme la dignité, le patriotisme l'est à la nation. Une nation sans patriotisme est un vil troupeau, il finira par être conduit à l'abattoir et périra. Et il n'aura que ce qu'il mérite. Le patriotisme explique l'ambition collective et les rancunes, mais il en explique aussi la modération. Il doit savoir raisonner et contenir. Il doit aussi être en état de prévoir.

C'est la prévoyance politique qui a établi la célèbre théorie de l'équilibre européen. Elle tend à empêcher qu'aucun État ne devienne assez fort pour être à lui seul un danger pour ses voisins. On a raison de se méfier des États d'une puissance disproportionnée, de ce qu'on pourrait appeler des colosses politiques. La force inspire toujours la tentation d'en abuser. On

voit cela dans tous les âges, à tous les degrés de l'échelle
sociale, chez tous les peuples — que disons-nous,
même chez les animaux : les faibles fuient et se cachent,
les forts ne se bornent pas à résister, ils attaquent.
C'est dans la nature de la force d'agir. Heureusement
qu'il ne lui est pas toujours permis d'en abuser ;
généralement les faibles se réunissent contre l'oppres-
seur et personne ne résiste longtemps au nombre,
s'agirait-il d'un essaim de mouches.

Ne nous attardons pas à feuilleter les annales de
l'histoire pour rechercher ce qui a pu se passer sous
ce rapport à une époque donnée ; ce qu'il importe
de constater, c'est que de nos jours l'équilibre existe.
Aucun État n'est actuellement en situation de braver
à lui seul, nous ne disons pas l'ensemble des autres
États, mais seulement deux ou trois des autres ; l'équilibre existe, mais il est assuré pour l'avenir ? Il
importe, nous l'avons dit, de prévoir, voyons donc de
qui l'Europe de l'avenir pourrait avoir à craindre des
velléités de domination.

Parmi les grandes puissances, ni l'insulaire Grande-
Bretagne, ni l'excentrique Italie, ni même la dualiste
Autriche-Hongrie, ne seront jamais en mesure de
dicter des lois à l'Europe. Grâce à un homme de
génie, l'impossible se réalise quelquefois, mais l'homme
de génie est comme le gros lot, il vient si rarement
que personne ne le fait entrer dans ses prévisions. Restent l'Allemagne, la France, la Russie ; chacun de ces
trois pays est assez fort pour, dans des circonstances
données, ressentir des tentations ; mais est-il probable
et dans quelle mesure, que l'un ou l'autre y succom-
bera ?

Examinons :

La France n'a pas été amoindrie par la défaite de

1870-71 : elle a perdu une petite partie de son territoire, mais elle a révélé l'existence de richesses inconnues et d'une élasticité merveilleuse. Depuis 1871 elle a pu organiser une armée bien supérieure en nombre à celle qu'elle a jamais eue, et elle a dépensé des milliards pour élever des fortifications et pour remplir ses arsenaux. La France est donc une puissance formidable, mais quoique sa force réelle soit plus grande qu'à toute autre époque, on s'attend moins à des abus de sa part qu'autrefois, parce qu'elle est en République. Sous cette forme de gouvernement, les ambitions ont plutôt pour objectif l'influence personnelle à l'intérieur que l'influence collective à l'étranger. Dans une République, l'homme politique a constamment besoin du suffrage de ses concitoyens. S'il est élu, il est quelque chose dans l'État, il peut même, s'il en a l'étoffe, devenir grand homme ; s'il n'est pas élu, il tombe dans la masse des atômes ! Il ne lui reste, pour se faire remarquer, que la ressource de faire des discours violents, qui le conduiront, selon le cas, à la prison de Mazas ou à la Chambre des députés.

Quant à exercer une « légitime influence » sur l'étranger, on n'a pas le temps d'y songer. Cela n'est pas d'ailleurs aussi facile qu'on pourrait le croire. Il faut, pour cela, avoir une politique traditionnelle, et la France, en changeant plusieurs fois de gouvernement depuis moins d'un siècle, a rompu avec ses traditions. Tant que la France sera en République, l'Europe ne s'attendra pas à la voir entrer dans une politique d'agression. Si elle redevenait une monarchie, une pareille politique serait, non pas dans les nécessités, mais dans les possibilités des futurs contingents. Quand la position du chef de l'État est assurée à l'intérieur, et alors seulement, il peut consacrer toute son attention à l'extérieur. Il est vrai qu'il peut aussi vouloir faire la guerre comme dérivatif pour les difficultés intérieures, mais c'est là un jeu bien dangereux, c'est jouer son va-tout. C'est même pire que dangereux, car dans la mauvaise chance on perd la couronne; dans la bonne on ne gagne qu'un avantage peu durable, c'est toujours à recommencer, et ceux qui s'obstinent à jouer quitte ou double finissent toujours par perdre définitivement et absolument. Par toutes ces raisons, et parce que la république française a, jusqu'à présent, donné des gages de sagesse, on ne s'attend pas d'elle à quelque coup de tête ambitieux, à quelque tentative de domination.

Il faut bien le dire aussi — car les hommes se méfient toujours un peu les uns des autres — ce qui tranquillise les autres pays, c'est qu'eux-mêmes sont devenus plus forts. L'Italie et l'Allemagne ont cessé d'être des expressions géographiques pour devenir des États fortement organisés, et ils se disent : si l'on nous attaque, nous saurons nous défendre.

Nous arrivons à l'Allemagne. Est-elle plus forte que la France? Elle a quelques millions d'habitants de plus, 42 millions contre 37 millions, mais la durée du service militaire y est moins longue qu'en France. Lors d'une déclaration de guerre d'un de ces grands pays contre l'autre, il serait difficile de prédire qui aurait la victoire; le succès dépendra évidemment de la chance de posséder le meilleur général. Peut-être que ce jugement de notre part froissera l'amour-propre de l'une ou l'autre de ces grandes nations, mais nous n'y pouvons rien, c'est la vérité, et il faut savoir la supporter. Mais nous n'avons pas encore examiné si l'on pourrait avoir à craindre l'esprit agressif de l'empire allemand.

Nous n'avons pas besoin de dire que notre étude ne s'applique pas à un homme déterminé, mais au système politique ou gouvernemental ; nous recherchons ce qui peut résulter de son développement naturel, étant données les circonstances connues.

Or, il est une observation que l'histoire n'a jamais démentie : une confédération peut être suffisamment forte pour la défense, mais elle est nulle pour l'attaque. Elle n'attaque pas, parce qu'il est rare que l'autorité centrale y ait un intérêt, et, ce qui est plus rare encore, que les membres de la confédération puissent se mettre d'accord pour passer à l'agression. Personne n'ignore que l'empire allemand est un État fédéral comme la Suisse et les États-Unis d'Amérique, dans lequel le chef du gouvernement a un pouvoir limité par la loi. L'article 11, combiné avec le paragraphe 14 de l'article 4, oblige l'empereur allemand à consulter les États confédérés avant de déclarer la guerre. Si un frein était nécessaire, on le trouverait là.

Il est des personnes qui pourraient ne pas croire à l'efficacité de ce frein, qui pourraient penser que l'ambition d'un futur empereur, l'habileté d'un futur ministre parviendraient aisément à neutraliser l'effet de ce frein ; voyons si l'Allemagne peut avoir un intérêt à faire la guerre sans y être forcée. On comprend d'emblée que l'Allemagne ne peut avoir l'espoir de vaincre que si elle n'a qu'un seul adversaire, et croit-on que ce cas puisse aisément se présenter ? Si l'Allemagne était l'agresseur, il se formerait vite une coalition contre elle, et elle succomberait sous le nombre de ses ennemis. On ne lui a pas encore pardonné sa grandeur ; l'illustre maréchal de Moltke n'a-t-il pas dit qu'il faudrait cinquante ans pour qu'on se réconciliât avec sa fortune ? et pourquoi aussi l'Allemagne ferait-elle la guerre, irait-elle prendre une province française à l'Ouest, une province russe à l'Est, pour augmenter le nombre de ses sujets mécontents ? Elle sait trop bien que les sujets mécontents apportent à un État plutôt de la faiblesse que de la force.

Reste la Russie. C'est un État gouverné par un souverain absolu, par un « autocrate » qui peut à peu près ce qu'il veut; et s'il veut agrandir ses États, personne ne l'en empêchera. Tout au contraire, l'opinion politique le pousserait à la guerre plutôt qu'elle ne l'en détournerait. Ce n'est un secret pour personne en Europe que l'empereur de Russie, qui a la réputation d'être un homme bienveillant, aimant son peuple et désirant conserver la paix, a déclaré la guerre à la Turquie sous la pression de l'opinion d'un puissant parti, dit des *panslavistes*. La circonstance sur laquelle ce parti se fonde, c'est qu'il représente une nation de 86,444,639 habitants, c'est le chiffre de 1870; aujourd'hui, en 1880, on a certainement dépassé le formidable nombre de 90 millions d'habitants. Comment, dit ce parti, nous ne délivrerions pas tous les Slaves, pour les faire graviter, comme autant de planètes, autour du Soleil-Russie? Nous avons lu plus d'une fois aussi dans des écrits russes, que le règne des Latins et des Germains est fini, que l'empire du monde doit appartenir à la race slave. La Russie continue à grandir, la jeune génération d'aujourd'hui la verra à 120 millions, peut-être à 130 millions d'habitants et au delà, tandis que la France et l'Allemagne réunies n'ont à opposer au colosse du Nord, aujourd'hui que 77 millions d'habitants, et dans trente ans peut-être 84 à 85 millions. N'examinons pas si ces 85 millions valent ou ne valent pas les 130 millions ci-dessus; mais comme le plus puissant monarque reste un homme, qu'il est accessible aux passions humaines, on ne manque de respect à personne, en supposant qu'un jour le tzar voudra exercer sa « légitime influence », sa « prépondérance » et réduire les autres nations au rôle de satellites.

Voilà donc la situation politique de l'Europe; c'est
sur cette scène que l'union ou les unions douanières
s'établiront, si les peuples entendent leurs intérêts.
Nous venons de faire allusion à une multiplicité
d'unions; c'est qu'il est question de provoquer l'association de tel petit État avec tel grand : n'est-ce pas
préparer l'absorption du petit par le grand? Les petits
États ne peuvent se joindre qu'à un groupe de plusieurs grands États, dont la mutuelle jalousie les pro-
tège contre tout attentat. Mais quels grands États doivent se grouper? Nous n'en trouvons pas qui auraient
plus d'avantage à ce groupement que l'Allemagne, la
France et l'Autriche-Hongrie. Nous examinerons plus
loin les arguments économiques ; mais nous l'avons
dit, il faut se débarrasser avant tout des objections
politiques; elles se réduisent, pour un certain nombre
de Français, à un seul point : la répugnance de
s'associer avec l'Allemagne contre laquelle ils nour-
rissent, il faut le supposer, des arrière-pensées de
revanche.

C'est là un sentiment avec lequel nous ne voulons
pas raisonner, c'est-à-dire que nous n'examinerons pas
si l'on a raison ou tort d'avoir ce sentiment, car les
arguments les meilleurs n'ont aucune prise sur lui :
il s'adoucira avec le temps, et si on ne l'alimente pas,
il disparaîtra. L'Allemagne ne fait rien pour l'exciter,
au contraire, et, dans l'intérêt de l'Europe, il faut
espérer que la rancune ne deviendra jamais une
passion. La passion, tous les moralistes l'ont dit, aveugle, et la cécité — qu'on nous pardonne ce *truisme*
digne de M. de La Palisse — ôte toute clairvoyance,
supprime tout esprit de prévision. Raisonnons dans
l'hypothèse d'une rancune active, passionnée — nous
n'y croyons pas, mais il faut tout discuter; — dans ce
cas, la France ferait une alliance avec la Russie et

déclarerait la guerre à l'Allemagne. Qu'en résulte-rait-il? Ou l'Allemagne a des alliés, ou elle n'en a pas. Si elle a des alliés, comme c'est probable, les forces sont égales; qui sera vaincu? Nous n'en savons rien. Il est possible aussi qu'après avoir tué 100,000 hommes ou 200,000 hommes de part et d'autre, après avoir détruit énormément de propriétés, s'être couverts de milliards de dettes, et avoir porté la misère partout, on soit heureux de faire la paix sur la situation d'avant la guerre. On se sera affaibli — massacré et appauvri — pour rien. Mais supposons l'autre cas; l'Allemagne est seule, et admettons un moment qu'elle soit battue. Au profit de qui sera la victoire? Uniquement *au profit de la Russie.* Elle aura enfin la suprématie tant désirée. Et si la France faisait mine de vouloir s'opposer au vasselage, ce qui arriverait infailliblement, c'est que les Russes, flanqués des Allemands, tomberaient sur la France, les uns en maîtres, les autres en vengeurs, et le règne de la barbarie recommencerait : l'Europe serait cosaque! — Mon Dieu, ce que nous voyons là, c'est bien triste; mais nous ne sommes pas les premiers, on le sait, auquel ce tableau se présente; nous n'avons, d'ailleurs, aucun désir de charger les couleurs, mais il faut voir les choses telles qu'elles se présentent.

Chassons de notre pensée ces tristes images, qui ne sont au fond que le développement d'une hypothèse. N'a-t-on pas dit — voyez notre introduction — que le sentiment politique ne devrait pas influer sur les affaires commerciales? Et, en effet, point n'est nécessaire de s'aimer pour se vendre du fer ou de la houille, de la soie ou du vin et toutes les autres bonnes choses qu'on récolte sur son sol, ou qu'on produit dans ses ateliers par le labeur quotidien. On se supportera toujours, on s'aimera selon les chances des rencontres;

mais ce qu'il faut avant tout à l'Europe, c'est qu'elle multiplie ses productions. Comme le Juif-Errant doit marcher, marcher jusqu'à la fin des temps, l'Europe doit travailler, et toujours travailler pour nourrir ses enfants qui pullulent et remplissent les territoires; il faut qu'il y ait place pour tous au banquet de la vie, et il n'y a pas trop de toutes les forces civilisées pour atteindre ce but. Le socialisme est un symptôme du rétrécissement de l'espace; nous pouvons l'étendre en ouvrant de nouveaux débouchés; nous en avons peut-être l'occasion, et nous ne la saisirions pas? Espérons qu'on n'y manquera pas. Du moins, n'opposons pas de mauvaises volontés aux efforts qu'on pourra faire; il y aura bien assez de difficultés réelles quand les intérêts seront en présence, et qu'il s'agira de les éclairer, de lutter contre leurs vues étroites et de les vaincre par de bons et solides arguments.

III. — Objections de la théorie économique.

Certaines personnes pourraient s'écrier, non sans un dédain bien marqué : Que nous fait la théorie ? — Nous pourrions leur répondre : si la théorie vous importe peu, elle nous importe beaucoup, nous tenons à examiner la question sous toutes ses faces ; mais nous leur ferons surtout remarquer, que nous ne pensions pas à la théorie absolue ou abstraite, mais à cette théorie plus terre-à-terre qu'on peut appliquer, et qui cherche ses arguments dans la vie quotidienne. A ce point de vue nous demanderons : Que peut dire le libre-échange, que peut dire la protection ?

Le libre-échangiste ne peut pas avoir d'objection contre une union douanière. Il peut seulement désirer la voir s'étendre, il est favorable à tout ce qui facilite les relations commerciales, à tout ce qui rapproche les pays. Il considérera l'association comme un acheminement, il ne pourra donc pas attaquer les unions douanières en leur principe, il ne pourra trouver à redire, tout au plus, qu'aux détails d'exécution, lesquels ne nous occupent pas en ce moment.

Le protectionniste pourra être alarmé au premier moment, c'est-à-dire avant toute réflexion. Mais la réflexion porte conseil. Aucun protectionniste ne demande des droits d'entrée pour toutes les marchandises, il en est même toujours quelques-unes que l'un ou l'autre voudrait voir entrer en franchise quand même ; non, dans cette doctrine il n'y a rien d'absolu, rien de purement théorique, chaque fait s'envisage isolément, chacun ne demande les faveurs du tarif que pour sa propre industrie, et si l'on aide

ses confrères, c'est qu'il faut se soutenir mutuellement pour vaincre : l'union fait la force. A la nouvelle
d'un projet d'union douanière, chaque industriel
s'informera avant tout avec qui l'union doit se conclure ; si les pays désignés ne lui font pas une concurrence sérieuse, il n'aura pas d'objection et les intérêts
de son industrie sauvegardés, il pourra se livrer à la
joie de voir son marché s'étendre, car il est incontestable
que l'enlèvement des barrières douanières entre deux
États facilite entre eux les relations commerciales et
étend les débouchés; il est seulement nécessaire d'exclure
des pays comme l'Angleterre à cause de sa supériorité industrielle, ou la Russie et les États-Unis à cause
de l'impossibilité pour l'agriculture de supporter leur
concurrence.

Il résulte de ce qui précède que presque toute
combinaison d'États trouvera des partisans et des adversaires. Chaque pays a des productions dans lesquelles
il excelle, et pour lesquelles il est favorisé par les circonstances géographiques, climatériques et autres ; c'est
précisément contre l'effet de ces avantages naturels
qu'on veut se protéger : on s'arme contre le fer du
pays A, contre les tissus de coton du pays B, contre
la soie du pays C, le vin du pays D et contre d'autres
produits, chacun selon ses convenances. Telle personne
sera favorable à un traité avec la Belgique, qui s'opposera si elle peut à un traité avec la Suisse, et cela,
sans la moindre animosité contre les Belges, sans la
moindre sympathie pour les Suisses. Il suit de là, que
des pays très inégaux en développement industriel
auront de la peine à s'entendre, parce que dans le
pays très arriéré l'industrie entière sera émue; des
contrées d'un développement plus semblable rencon-
treront sans doute aussi de l'opposition dans leur
sein, toute innovation, quelle qu'elle soit, en trouve,

mais la passion s'en mêlera moins, on pourra raisonner avec les récalcitrants, en convaincre plusieurs,
tranquilliser ou consoler les autres.

Car, en fin de compte, jamais on n'arrive à satisfaire
absolument tout le monde. Dans tout traité international
il y a toujours quelqu'un de lésé. Deux individus qui
contractent des engagements mutuels, n'arrivent pas
toujours à pondérer exactement ce qu'on appelle en
allemand *Leistung und Gegenleistung*, disons simplement : les deux plateaux de la balance. De là vient
parfois que certains fabricants s'élèvent contre tout
traité, de crainte de se trouver parmi les victimes.
Mais un gouvernement doit envisager l'ensemble de la
nation. Il tient compte de chaque individu, mais ne le
considère que comme une fraction du tout. Tout vu et
compensé, il ne s'engagera peut-être pas dans des
liens très étroits avec tel pays, mais il s'unira volontiers
avec tel autre. L'Angleterre, ou les États-Unis d'Amérique, si les circonstances géographiques le permet-
taient, ne trouveraient probablement sur le continent
européen aucun État disposé à conclure une union
douanière avec eux, tandis que l'Autriche et l'Allemagne
parviendraient à s'entendre, et que rien, dans le
domaine économique, ne s'oppose à ce qu'il en soit
ainsi pour la France par rapport à ces États.

Serait-il nécessaire maintenant de prouver par des
faits l'utilité d'une extension du marché ? En tout cas,
la preuve serait facile à faire, car il serait possible
de citer de bien nombreux chiffres. D'un autre côté, si
nous comparions le mouvement industriel actuel de
l'Allemagne avec celui d'il y a trente ou quarante ans,
on nous objecterait peut-être que dans ce long inter-
valle d'autres causes ont contribué à produire le
progrès. Nous réservons d'ailleurs les chiffres les plus
récents pour d'autres emplois, bornons-nous donc à une

très courte démonstration, en nous servant uniquement de documents déjà anciens.

Ceux qui ont étudié l'histoire du Zollverein savent que l'accession du royaume de Saxe ne s'est pas opérée sans tiraillement. La Saxe avait ses raisons, bonnes ou mauvaises, qu'il est inutile aujourd'hui de rechercher, mais la Prusse aussi pouvait hésiter, car l'industrie saxonne était très développée et sensiblement en avance sur l'industrie prussienne. Cette hésitation existait, comme en témoigne Kühne dans *der Deutsche Zollverein*, et il devait le savoir, car c'est lui qui, le 30 mars 1833, soumit à la signature du ministre compétent le projet de traité sur lequel on venait de tomber d'accord. Richelot, qui cite également le fait de l'hésitation, en puisant à la même source ajoute :

« On ne saurait mettre en doute dans cette circonstance le courage de l'homme d'État prussien ; mais il convient de rappeler que, si l'industrie prussienne était livrée aux chances d'une lutte avec la Saxe, le débouché de la Bavière et du Wurtemberg lui avait été ouvert huit jours auparavant, comme une compensation certaine d'un péril incertain. »

Ce que Richelot ignorait encore alors, c'est que la Bavière n'a pas moins profité du débouché prussien que la Prusse du débouché bavarois, mais c'est surtout le Wurtemberg qui a gagné dans cette transaction, son industrie ayant fait depuis lors de grands et rapides progrès. Mais c'est de la Prusse que nous voulions parler et du développement qu'a atteint son industrie.

Empruntons d'abord un rapprochement à Dieterici, alors directeur de la statistique royale, *Handbuch der Statistik des preussischen Staats*, ouvrage publié en 1861. D'après la *Gewerbtabelle* (statistique industrielle) de 1837, on comptait alors en Prusse 423 machines à vapeur, de la force collective de 7,513 chevaux, en 1855, on en a recensé 4,085 avec une force de 161,774 chevaux ; l'accroissement du nombre des machines est donc de 966 0/0 et celui de la force de 2,153 0/0. Peut-on admettre que l'industrie aurait fait les remarquables progrès que ces chiffres dénotent, si le *Zollverein* n'avait pas écarté les barrières qui autrefois resserraient ses mouvements?

Mais voici des chiffres s'adressant plus directement à la filature et au tissage, deux industries dans lesquelles la Saxe avait une supériorité marquée. Nous les empruntons au *Jahrbuch der amtlichen Statistik* de M. le conseiller intime Engel (1re année 1863). Nous comparons les chiffres de 1846 à ceux de 1861, parce que ce sont les dates extrèmes données dans cet annuaire officiel (p. 449 et suiv.).

		1846	1861
Laine.	Filature, broches de laine cardée..	419.583	651.445
	— — — peignée..	32.479	47.153
	Tissage dans les manufactures, métiers.	22.967	31.686
	— à domicile id.	8.722	13.003
Coton.	Filature, broches.	170.433	395.071
	Tissage, métiers dans les manufactures	71.166	76.033
	— — à domicile.	22.872	63.109
Lin.	Filature, broches.	667.389	1.202.877
	Tissage, métiers dans la manufacture.	45.020	42.667
	— — à domicile	41.891	40.230
Soie.	Tissage, métiers dans les manufactures	46.013	30.292
	— — à domicile.	2.740	21.308

Nous n'avons pas, pour l'année 1831, le nombre des broches. Voici d'après Dieterici *(der Volkswohlstand*, Berlin, 1846), le nombre des métiers : soie, 8,956 ; coton, 25,464 ; laine, 15,360 ; lin, 35,668.

Les progrès ont été plus marqués encore dans les industries métallurgiques et quelques autres, mais il nous semble inutile de présenter ces chiffres. Au fond, comme nous soutenons une thèse qui porte son évidence en elle-même, à savoir, que l'extension des débouchés stimule l'industrie et lui permet de s'étendre, ce n'est pas à nous de multiplier les preuves, mais à eux qui voudraient nier l'évidence, ce serait à eux de montrer que nous nous sommes laissé bercer par des illusions. Jusqu'à ce que cette démonstration soit faite, nous resterons convaincu qu'une union douanière ne peut qu'être utile à l'industrie.

IV. — LES OBJECTIONS PRATIQUES.

On nous accordera gain de cause pour la théorie, afin de pouvoir insister avec plus de vigueur sur les difficultés pratiques, abordons à notre tour ces difficultés. En quoi consistent-elles? Ne nous parlez pas de différences de race, de mœurs, de législation, cette objection nous la considérons comme nulle. Un grand nombre d'États européens renferment des populations de races différentes, et souvent des concitoyens ne pourraient pas se rendre intelligibles les uns aux autres. Pour ne citer qu'un seul exemple, le Suisse du Tessin et le Suisse de Zurich ou de Schaffouse doivent être embarrassés s'ils se rencontrent sans interprètes. Cela ne les empêche pas de vivre en paix et de faire des affaires ensemble, et certes, ce qui est possible dans l'intérieur d'un même État, le sera bien plus dans une Union douanière, où les rapports sont bien moins intimes. D'ailleurs, les différences de race et de mœurs n'ont empêché personne de conclure des unions monétaires, postales, télégraphiques et autres, et l'on parle de faire des législations internationales sur des matières civiles et surtout commerciales. Il a été question d'unifier les codes de commerce, et qui sait si ce *desideratum* ne sera pas un jour réalisé. Il y a cependant de vraies difficultés, nous en comptons trois, mais elles ne sont nullement insurmontables, car il y a des précédents qui prouvent qu'on peut leur trouver des solutions. Examinons ces difficultés.

La première, c'est la rédaction d'un tarif commun. La rédaction d'un tarif n'est jamais chose facile. Le tarif le plus « autonome » donne souvent lieu à des

tiraillements tels, qu'il a fallu à certains États deux ou
trois ans pour l'achever. La plupart des taxes paraissent à la fois avantageuses à l'un et préjudiciables à
l'autre, il faut souvent en finir par des transactions
qui ne contentent personne. Il en est de ces frotte-
ments intérieurs comme des difficultés qu'on rencontre
dans les traités de commerce, où généralement tout
repose sur des transactions. On se rappelle peut-être
les violentes discussions douanières, les fréquents
changements de tarifs qui eurent lieu aux États-Unis
avant la guerre de sécession; on sait que le Nord et le
Sud avaient, sinon des intérêts, du moins des visées
opposées, que l'un tenait à développer son industrie
par un système douanier à peu près prohibitif, tandis
que l'autre luttait sans trop de succès pour obtenir
le plus de liberté possible. Le Sud ayant été vaincu,
c'est la protection à outrance qui domine depuis 1862.
Depuis quelque temps des esprits distingués s'effor-
cent de provoquer une réaction libérale; un comité
français travaille avec un zèle louable, mais jusqu'à
présent sans résultat bien positif, en faveur d'un traité
de commerce destiné à ouvrir une brèche dans le mur
de Chine dont les États-Unis se sont entourés. Ce
comité trouve des partisans et des adversaires, et leur
antagonisme n'est pas plus tranché que celui qui peut
régner entre les deux États voisins; il faut bien,
cependant, que les partis s'entendent, ils transige-
ront.

Plus instructif encore serait le récit des négociations
qui ont précédé la formation du Zollverein allemand.
C'étaient des États indépendants qui cherchaient à
s'entendre, des États ayant chacun un caractère dif-
férent — l'un industriel, l'autre agricole, celui-ci mari-
time, celui-là continental et dont les populations étaient
habituées à des taxes bien différentes. Ainsi, dans le

tarif saxon de 1822, les tissus ne payent que de 1 thaler
(les cotonnades) jusqu'à 3 th. 18 (les soieries), les
draps de laine sont à 2 thalers le quintal. Dans le
tarif badois de 1827, les tissus de toute espèce sont im-
posés à 6 florins 40 kr. le quintal. Dans le tarif bavaro-
wurtembergeois du 20 février 1828, les tissus de
coton étaient cotés de 20 à 50 florins le quintal, selon
les espèces, les tissus de laine 60 florins, les soieries
100 florins. Le tarif prussien était encore plus élevé.
On s'est cependant entendu, ce qui était d'autant plus
méritoire que dans ces États, qui ne différaient pourtant ni par la race, ni par les mœurs, il fallait supprimer des taxes accessoires ou des abus devenus vénéra-
bles par leur âge, comme les droits dits d'étape et de
transbordement, il fallait unifier les droits de canaux,
de ponts, d'écluse et autres péages, et conférer l'égalité aux sujets des membres de l'association.

Sur ce point, Richelot (1), dans son livre sur le
Zollverein, s'exprime ainsi (p. 79) : « Le vieil esprit
de restriction faisant place à un sentiment large de
fraternité, chaque État ouvrait aux sujets de ses associés, commis-voyageurs, fabricants, artisans, ouvriers,
son territoire, ses marchés, ses foires ou ses ports,
sous les mêmes conditions qu'à ses propres sujets. Toute
l'étendue du Zollverein était dorénavant un vaste champ
ouvert au travail de tous ceux qui l'habitaient. Le
Bavarois pouvait aller exercer son industrie en Prusse
et le Prussien en Bavière, tout comme en France le
Breton en Normandie et le Normand en Bretagne. Cette
solidarité les suivait au dehors ; dans les places de
commerce et dans les ports étrangers, tous étaient
placés sous la protection commune des consuls de

---

(1) On sait que Richelot est le traducteur de Frédéric List, et qu'il
soutenait une doctrine de protectionisme modéré.

l'un ou l'autre État contractant. » Il y avait donc là plus qu'une simple entente sur le taux des droits, il a fallu détruire des préjugés, porter la réforme, et une réforme assez radicale, dans les vieux systèmes de la police locale, et déranger une foule d'habitudes devenues chères à la routine. Et pourtant, toutes ces difficultés ont été vaincues, de sorte qu'on a le droit de s'attendre à obtenir le même succès dans d'autres combinaisons.

Nous avons jusqu'à présent considéré le tarif comme un tout compacte, presque comme une unité indivisible, mais on sait bien qu'il n'en est pas ainsi. Si l'on excepte l'Angleterre et à certains points de vue, encore quelques autres pays, tous les autres États, l'Allemagne, la France, l'Autriche, aussi bien que la Russie, l'Italie, l'Espagne et plusieurs autres, les États-Unis d'Amérique compris, admettent un double but à atteindre : un but fiscal et un but industriel ; ce dernier est connu sous le nom de la « protection du travail national ». Si deux États avaient à s'entendre, on tomberait beaucoup plus facilement d'accord sur les modifications à introduire dans les droits fiscaux, que sur les changements que les droits protecteurs peuvent supporter. Les États ont tant de besoins, et ces besoins — on peut le prévoir avec certitude — s'accroissent avec une rapidité telle, que le pays le moins imposé ne se fera pas longtemps prier pour adopter le tarif le plus élevé. Rien ne l'empêche d'ailleurs, s'il le juge à propos, d'offrir des compensations à ses contribuables, en réduisant d'autres impôts : il n'aura pas à chercher longtemps pour trouver quelque contribution impopulaire.

Or les droits fiscaux constituent dans tous les pays la partie la plus considérable du produit des douanes. En France, les droits d'importation se sont élevés en moyenne, pour la période 1867-1876 à 168 millions, et sur ce chiffre le café, le sucre et le cacao seuls fournissent 105 millions; il ne reste plus que neuf articles (houille, tissus de laine, tissus de coton, céréales, poivre, fil de coton, tissus de lin, machines) qui rapportent plus d'un million par an, tous les autres, et ils sont nombreux, restent au-dessous. Les *Monatshefte* de la statistique allemande ne nous donnent pas les chiffres les plus récents, mais voici des renseignements authentiques pour deux années antérieures qui peuvent nous suffire.

	1872	1873
Produit total des douanes..	168.399.075 fr.	153.162.635 fr.
DENRÉES :		
Café..	42.776.318	40.581.730
Tabac	20.818.100	18.040.736
Vins..	16.040.797	9.449.938
Sucres	8.245.410	14.321.442
	87.350.625 fr.	82.395.636 fr.

Ces quatre articles fournissent plus de la moitié du produit total et nous omettons ici le sel, les fruits du Midi, le riz, les spiritueux, les épiceries, le thé, le cacao, la mélasse, etc., etc.

Nous pourrions faire ressortir des résultats analogues de la comparaison des autres pays, la différence de la construction des tableaux, des productions dominantes et des taxes des tarifs exigeraient un déploiement de chiffres et une abondance d'explications que la nécessité de ménager l'espace nous interdit. Nous n'avons d'ailleurs qu'à retenir ce point que les droits fiscaux prennent dans chaque tarif une place importante.

On ne saurait contester que, considérés dans leur ensemble, il n'en soit souvent de même des droits protecteurs. Mais rien n'oblige de les traiter comme un tout indivisible; chaque groupe, chaque article peut être envisagé isolément, ce qui est d'autant plus rationnel, que les intérêts des diverses industries ne sont pas toujours les mêmes, et que souvent on ne peut les mettre d'accord qu'aux dépens des consommateurs. Lorsqu'il s'agit de toucher aux droits protecteurs, les difficultés naissent, les gouvernements sont assaillis de réclamations qui vont parfois jusqu'à la passion. Mais, si la passion rend aveugle, les gouvernements doivent avoir les yeux ouverts, ils doivent peser comparativement les différents intérêts en présence et faire la part de chacun. Ces difficultés sont loin d'être insurmontables, souvent des industries qui craignaient l'influence d'un traité de commerce, ou une réduction de taxe, se sont très bien trouvés du changement. On ne doit jamais oublier que si un traité peut faire naître une concurrence, il ouvre aussi un débouché ; de la sorte il y a compensation. En somme, tout se réduit dans les négociations à une question de transaction et à l'exercice de l'art des compensations.

La deuxième difficulté qu'on oppose aux projets d'union c'est le partage du produit des taxes. Supposons l'union de l'Europe centrale conclue et qu'elle comprenne la France, l'Autriche, l'Allemagne, la Suisse, la Belgique et la Hollande, sans parler du Danemark et de l'Italie, toutes les taxes douanières perçues par l'un de ces pays profiteraient à tous les autres, il faudrait faire la part de chacun. On pourrait diviser le revenu au prorata de la population, mais si l'on applique ce principe d'une manière absolue, l'un ou l'autre pays sera lésé. Prenons pour exemple le droit sur le thé, et pour que la difficulté ressorte d'une manière bien évidente, pour qu'elle paraisse même énorme, supposons que l'union douanière se compose de la France et de la Grande-Bretagne : or les 34 millions d'habitants du Royaume-Uni ont consommé tant de thé, qu'il en est entré pour plus de 100 millions de droits dans la caisse du Trésor public, tandis que les 37 millions de Français en ont consommé si peu, que la taxe n'a guère rapporté qu'un peu plus d'un demi-million. En additionnant les deux revenus, on trouve environ 101 millions de revenus douaniers, et en divisant cette somme selon la population, la part du Royaume-Uni serait d'à peu près 48 1/2 millions et celle de la France de 52 1/2, c'est là un partage certainement inadmissible.

Cette difficulté s'est présentée sous différentes formes lors de la création du Zollverein : les pays n'étaient pas également riches, et les usages n'étaient pas identiques, et pour obtenir certaines adhésions on a dû accorder des avantages à ceux qui auraient trop perdu, si l'on avait voulu introduire l'égalité absolue. La répartition a été simplifiée par suite du traité intérieur du 8 juillet 1867 et de quelques lois qui s'y rattachent, mais la trace des anciennes conventions est restée dans la pratique actuelle.

Il a fallu aussi prendre des arrangements financiers lors de la création de l'union postale. Il est vrai, qu'en décidant que chaque pays conserverait le produit de la correspondance expédiée affranchie, et qu'il garderait celui des lettres arrivant non affranchies, les comptes ont été simplifiés de beaucoup, mais ce procédé même peut, dans quelques cas, servir de modèle; il en est de même de la garantie d'un minimum inscrit dans la loi belge sur la suppression de l'octroi. Les moyens à employer pour rendre rationnels les partages peuvent varier selon les circonstances, on peut en combiner plusieurs à la fois, on peut même consentir à quelques sacrifices dans l'intérêt d'une œuvre d'une aussi grande portée.

On trouvera ces moyens quand on les cherchera sérieusement, en attendant nous pouvons indiquer ceux qu'on connait déjà et qui sont ou ont été plus ou moins employés. Mentionnons avant tout celui qui aura l'application la plus fréquente, qui sera de droit chaque fois qu'on n'aura pas prescrit expressément une déviation de la règle, c'est la répartition selon le chiffre de la population! On suppose dans ce cas que la consommation a été égale dans les différentes contrées associées, par conséquent, chaque pays aura sa part de revenu en proportion du nombre de ses consommateurs. Il peut aussi être constaté que la consommation moyenne d'une denrée ou d'une marchandise est un peu plus élevée dans un État que dans l'autre, alors on lui accorde un préciput. Si la différence est très grande, on établit plusieurs taux de répartition, par exemple, dans tel pays chaque habitant compte pour un et demi ou deux. On peut tenir compte aussi des frontières par lesquelles une marchandise entre; dans certains cas, on peut recenser le nombre des établissements; s'il y avait un droit sur le coton en laine, on pourrait répartir ce droit selon le nombre des broches qui existent dans chaque pays. Enfin, lorsqu'aucun de ces moyens ne serait applicable on aurait toujours la ressource de cette sorte de droits différentiels qu'on appelle en Allemagne *Uebergangsabgaben*, droit de passage d'un État fédéral à l'autre.

Nous venons d'indiquer la troisième grande difficulté, en énonçant en même temps la solution. Cette difficulté, il est inutile de le répéter, c'est la différence des impôts intérieurs. Cette différence existe, et il ne paraît pas possible de la faire cesser, car on ne peut demander, ni à un État de diminuer ses revenus pour entrer dans l'union, ni exiger de lui qu'il élève ses impôts, et charge inutilement ses contribuables. On pourrait cependant établir des arrangements pour des impôts peu importants afin de réduire les différences à un petit nombre de cas. Pour les différences irréductibles on aura les *Uebergangsabgaben*. C'est un moyen déjà connu et pratiqué. On en trouve l'exposé, par exemple, dans le traité d'union douanière du 8 juillet 1867. Nous devons renvoyer à ces traités et aux actes antérieurs pour les détails, nous bornant à répondre à une objection : Mais ces *Uebergangsabgaben* ne sont-ils pas une sorte de douane intérieure? Nullement. D'abord, un très petit nombre de matières y sont assujetties, puis, il suffit dans la plupart des localités d'un simple buraliste auquel on va faire sa déclaration, comme cela a lieu en France pour le transport des boissons. On payerait un droit de circulation au profit de l'État dont les taxes d'accise sont plus élevées. En ces matières, comme en beaucoup d'autres, c'est avec de la bonne volonté qu'on vient à bout de toutes les difficultés.

V. — OBJECTIONS DU COMMERCE.

C'est seulement pour envisager la question sous toutes ses faces que nous parlons ici du commerce. Nous nous sommes, en effet, vainement demandé quelle objection il pourrait avoir contre une union douanière ? Le commerce est, de sa nature, libre-échangiste et même un peu cosmopolite; tout ce qui enlève des obstacles, tout ce qui étend le champ qu'il peut explorer en quête de débouchés est accepté par lui avec empressement. Il n'aime pas plus qu'un autre la concurrence, mais il sera plutôt excité par la pensée de pouvoir la faire qu'abattu par la crainte d'avoir à la subir. Le commerce est d'ailleurs plus souple, il se plie mieux aux circonstances et en tire parti.

Maintenant, si l'on suppose une union entre les trois grandes puissances de l'Europe centrale, si l'on y ajoute la Suisse, la Belgique et les Pays-Bas, peut-être aussi le Danemark et l'Italie, il n'y a d'aucun côté une supériorité commerciale telle, que les marchands de chaque pays ne conservent, chez eux, leur prépondérance naturelle. L'avantage que possède Paris d'être l'arbitre du goût, de gouverner la mode, ce n'est pas l'union qui le lui conférerait. Paris envoie dès maintenant, à qui peut les payer, les gracieux objets de toilette dont ses couturières et ses modistes ont le secret, et il en sera de même après; si une extension de ce commerce (si même il n'est pas plus juste de mettre ce genre d'affaires au compte de l'industrie) se produit, ce ne sera que d'une importance secondaire, comme tout ce qui est destiné aux classes riches. C'est le grand nombre qui alimente le grand commerce, c'est pour les revenus moyens et petits qu'il y a profit à travailler, parce qu'on les trouve partout, parce qu'il est plus aisé de les satisfaire, et enfin, et c'est la raison principale, parce qu'on peut se contenter d'un faible bénéfice qui, néanmoins, en se répétant nombre de fois, finit par produire un total satisfaisant.

VI. — Objections spéciales a l'agriculture.

L'agriculture, en son temps ordinaire et dans la plupart des contrées, ne se préoccupe pas beaucoup du commerce international ; elle produit généralement pour le marché voisin, et même le plus voisin, et si quelques-unes de ses denrées vont au loin, c'est que des marchands sont venus chez le producteur, ou les ont accaparées sur le marché. Le cultivateur ne récolte en général que de petites quantités à la fois, et comme ses marchandises sont généralement encombrantes, quelques-unes même d'une conservation difficile, il ne pourrait pas songer à les envoyer au loin. Dans certaines contrées, et pour certains produits, il s'est établi cependant un courant qui alimente régulièrement le grand commerce, et dont l'influence se fait sentir en même temps au plus petit paysan. De cette façon, le prix des œufs à Londres ou à Paris intéresse les habitants d'un village situé à 500 et 1,000 kilomètres de ces capitales.

Toutefois, ce qu'on appelle les produits accessoires n'est pas seul à alimenter le commerce ; les principales productions agricoles jouent un rôle assez important sur le marché international, seulement pour les céréales les années se suivent et ne se ressemblent pas. Lorsque partout la récolte a été bonne, le mouvement est réduit à son minimum ; lorsque la saison a été défavorable dans quelques-uns des pays qui ne produisent pas généralement de quoi satisfaire à leur consommation, alors les transports prennent une grande activité, et des masses énormes sont déplacées. La plupart des États du centre et de l'ouest de l'Europe sont dans ce cas. Passons-les en revue, ce sera peut-être plus instructif qu'on ne se l'imagine.

En France, on évalue à 100 millions d'hectolitres, somme ronde, les quantités de blé nécessaires pour satisfaire aux besoins de la consommation ; en fait, la récolte, depuis une vingtaine d'années oscille entre 80 et 120 millions d'hectolitres, mais, en moyenne, la production est un peu inférieure aux besoins. Il y a cinquante ans, la récolte oscillait autour de 60 millions, et alors cette moyenne était considérée comme peu inférieure à la consommation ; il est vrai qu'on faisait un peu plus de pain de seigle que de nos jours. Pendant un demi-siècle, la population française s'est accrue d'environ un cinquième, elle nombrait alors 30 à 31 millions, elle s'élève actuellement à 37 millions, et si l'on compare cet accroissement d'un cinquième de la population avec les progrès de la production du froment, on est d'avis que ces progrès ont été plus rapides que ceux de la population, mais si l'on rapproche ces données du chiffre de l'importation et de l'exportation, et que l'on voie grossir ces chiffres de période décennale en période décennale, on se dit forcément : ou les productions accusées en 1825-1835 ont été atténuées, ou la consommation des grains inférieurs a été, dans le premier tiers de ce siècle, beaucoup plus forte que l'on croit. Voici, par exemple, un tableau dont nous empruntons les éléments à la *Statistique de la France* de M. Maurice Block (t. II, p. 53).

Excédent annuel moyen de l'importation du froment sur l'exportation.

Périodes	Excédent d'importation en grains.	Excédent d'exportation de farine à défalquer	Reste excédent d'importation
	qu. métr.	qu. métr.	qu. métr.
1816 — 1825.	475.031	47.000	428.031
1826 — 1835.	708.026	64.649	643.377
1836 — 1845.	578.472	149.564	428.868
1846 — 1855.	1.559.554	266.487	1.293.067
1856 — 1865.	1.568.549	465.565	1.102.982
1866 — 1873.	2.995.490	152.365	2.843.125

Un coup d'œil sur les tableaux du commerce extérieur montre que sous l'effet des dernières mauvaises
récoltes, l'importation s'est considérablement augmentée;
elle atteindra peut-être, pour l'année agricole qui commence, 18 millions de quintaux. Des faits que nous
venons de citer nous avons à retenir ce point que
l'agriculture française, quoique ayant fait constamment
des progrès — et quoique la population française ne
s'accroisse que lentement, — est de moins en moins
en état de produire tout le blé nécessaire à la consommation du pays (1).

Voyons maintenant ce qui en est de l'Allemagne. Il
nous serait difficile d'établir d'une manière certaine
que l'agriculture allemande a progressé depuis cinquante ans, quoique nous soyons convaincus du fait,
mais il n'existe pas de relevé authentique des productions agricoles; les évaluations de Dieterici, de Berg-
haus, de Lengerke et autres, n'ont pas une valeur com-
parable à celle que nous trouvons dans les *Monatshefte
der Statistik des deutschen Reichs* (année 1879, livrai-
son 1). D'après cette source officielle, on a récolté, en
1878, 63,962,972 quintaux (50 kil.) de froment et
épeautres, et 147,302,014 quint. de seigle, sans compter
les autres céréales dont nous n'avons pas à nous
occuper ici.

Nous disions que nous sommes convaincu des progrès de l'agriculture allemande, nous pourrions citer
un certain nombre de faits et d'indices qui confirme-
raient notre manière de voir; mais nous devons éviter
tous les développements qui ne sont pas strictement
nécessaires à la démonstration que nous avons en
vue. Nous nous bornerons donc à dire que les terri-

---

(1) La récolte de 1879 est évaluée à 82 millions d'hectolitres, celle
de 1878 avait été de 96 millions. Les importations de 1878 et 1879 dépassent les chiffres correspondants qu'on a vus jusqu'à présent.

toires de l'empire allemand qui ont aujourd'hu
42,727,000 habitants, n'en avaient en 1816 que
24,831,000 et en 1834, 30,608,000. De 1834 à 1875,
date du dernier recensement, en 41 ans, la population
a augmenté de 12 millions d'habitants, soit de 40 0/0 ;
or les chiffres que nous allons citer prouveront que si
la production des céréales n'a pas progressé aussi rapi-
dement que la population, elle n'est pas restée bien
loin en arrière ; elle s'est cependant laissé distancer.

En effet, dans les douze années de la période 1834-
1845, l'exportation totale du froment et du seigle (1)
a été de 66,230,265 quintaux (de 50 kil.), l'importation de 10,745,983 quintaux, cela fait une moyenne
annuelle, pour l'exportation, de 5,519,122 quintaux et
pour l'importation, de 895,749, ce qui constitue un
excédent d'exportation de 4,613,373 que l'Allemagne
produisait donc au delà de ce qu'il fallait à sa population. Prenons maintenant la période la plus récente,
1873-1877, nous trouvons, pour ces cinq années, une
importation totale de froment et de seigle de
154,159,000 quintaux, et une exportation de 65,278,000
quintaux, cela fait par année une moyenne de
30,831,800 quintaux à l'importation et de 13,055,000
quintaux à l'exportation, soit un excédent d'importation de 17,776,200 quintaux.

Mettons les deux chiffres en regard :

	Excédent d'exp.	Excédent d'imp.
	quintaux.	quintaux.
1834-1845	4.613.373	»
1873-1877	»	17.776.200

Ou une différence de 22 millions de quintaux. Dans
la seconde période on produisait probablement une
quarantaine de quintaux de plus que dans la première,

---

(1) Le seigle entre pour une forte part dans la panification, en Allemagne.

Il y a donc progrès ; mais comme il en fallait à la consommation une soixantaine de plus, il y a donc insuffisance, et comme en France, l'agriculture ne produit pas en Allemagne la quantité de blé nécessaire à sa population.

Personne n'ignore que la Suisse, la Belgique et les Pays-Bas ont un territoire agricole insuffisant pour nourrir tous leurs habitants ; ces trois pays sont depuis longtemps des importateurs de blé, nous ne croyons pas devoir présenter sur ce point des chiffres détaillés, car il importe peu à notre argumentation que le déficit moyen soit de 2 ou 3 millions de quintaux (50 kilog.), ou d'une quantité intermédiaire. L'essentiel est de constater que ces contrées sont des importateurs de froment et de seigle.

L'Autriche-Hongrie est, dans le groupe que nous étudions, le seul pays exportateur et encore exagère-t-on son excédent, comme nous allons voir. Le bassin du Danube n'est pas encore assez peuplé pour que les habitants aient besoin de toutes les céréales qu'ils récoltent sur leurs riches terres d'alluvion sans de bien grands efforts. On évalue à 32 millions d'hectolitres de froment et 40 millions de seigle, — ensemble 72 millions ou 108 quintaux (de 50 kilog.) (1) — le produit moyen de l'empire autrichien-hongrois, cette moyenne repose sur l'opinion que le maximum des bonnes années, et le minimum des mauvaises années, ne s'écartent pas sensiblement de 40 0/0 en plus et de 40 0/0 en moins. Ce sont ces oscillations et la faiblesse du surplus qui empêchent l'Autriche-Hongrie de jouer un aussi grand rôle que l'on croit sur le marché international des grains alimentaires. Ce qui a pu faire exagérer ce rôle, c'est que certains statisticiens

---

(1) En évaluant l'hectolitre à 75 kilogrammes.

donnent à tort l'ensemble des céréales, l'orge et l'avoine compris. Voici un petit tableau dont nous empruntons les éléments à des sources autrichiennes et qui suffira pour éclairer la question (en quintaux de 50 kilog.) :

Années.	Importations from. et seig.	Exportations from. et seig.	Excédent d'importat.	Excédent d'exportat.
1873	7.361.000	1.348.000	6.313.000	»
1874	10.284.000	2.459.000	7.825.000	»
1875	3.064.000	3.017.000	»	953.000
1876	3.111.000	3.962.000	»	851.000
1877	4.333.000	9.432.000	»	5.099.000

Si nous prenions l'ensemble de la période, il se trouverait qu'en somme, il y a pour cinq années un excédent d'importation de 7 millions de quintaux, de sorte qu'à la rigueur, on pourrait contester à l'Autriche-Hongrie la qualité de pays exportateur. Mais nous nous abstiendrons de lui chercher chicane sur ce point.

De son côté, le lecteur ne nous contestera pas que les six pays que nous venons de passer en revue pourraient former une union douanière sans que l'un ou l'autre se sentît lesé. Tous ont généralement besoin d'un léger supplément d'importation ; il s'établira un certain mouvement intérieur, on préférera quelquefois dans tel ou tel district une source d'approvisionnement voisine à une source éloignée, mais personne n'a de concurrence écrasante à craindre : c'est là l'essentiel. Il n'y a donc pas d'objection agricole du moins quant aux céréales.

On nous objectera peut-être les États-Unis, qui ont produit, en 1878 364, millions de bushels de froment — sans parler des autres céréales — et qui en ont exporté plus de 75 millions, et qui étendent en outre tous les ans leurs cultures ; on objectera peut-être aussi la Russie, dont on évalue la production des céréales à plusieurs centaines de millions de tchetverts (210 litres), et qui exporte plus de 9 millions de tchetverts de froment, autant de seigle, 2 millions de tchet-

verts d'orge, 6 à 7 millions de tchetverts d'avoine. Ces
objections des agriculteurs sont graves, mais aisées à
réfuter : ces contrées *ne sont pas comprises dans l'Europe
centrale*, elles restent en dehors de l'enceinte de l'union
commerciale, rien ne sera changé en ce qui les concerne.

Le bétail, malheureusement, ne saurait offrir un
sujet de grande préoccupation. Nous disons malheureusement, car on a constaté que dans beaucoup de
contrées le bétail diminue, peut-être la multiplication
des hommes et la nécessité de cultiver plus de céréales
y sont-elles pour quelque chose, peut-être aussi faut-il
attribuer cette diminution à la fréquence des épizooties.
Les épizooties, on le sait, arrêtent complètement le
commerce dans les localités infestées et même bien
au delà, de sorte que les tableaux des douanes n'ont
marqué que trop souvent par des guillemets, ou des
barres, indiquant le vide des colonnes où l'on devait lire
le chiffre de l'importation et de l'exportation du bétail.
Le commerce des animaux, hélas ! brillait par son
absence.

Mais supposons qu'on arrive à guérir ces maladies
contagieuses, ou ce qui vaudrait encore mieux, que
ces maladies disparussent complétement, le commerce
du bétail ne pourrait fournir aucun argument contre
une union douanière de l'*Europe centrale*. On sait que le
nombre des bêtes bovines et ovines diminue plutôt qu'il
n'augmente. Admettons, c'est une concession que nous
allons faire, à une époque où l'on invente le mot peu gracieux de *dépécoration*, que les augmentations et les dimi-
nutions se compensent et que les nombres restent
stationnaires : or, lorsque nous voyons partout s'élever
le prix de la viande, par suite des habitudes que prennent
les populations les moins aisées d'en consommer plutôt
deux fois par jour qu'une fois, nous ne saurions com-

prendre qu'un éleveur quelconque puisse craindre une concurrence française, allemande, suisse ou hollandaise.

Les céréales et le bétail sont loin d'être les seuls produits agricoles qui entrent dans le commerce international ; parmi les autres — et ils sont nombreux — deux ou trois méritent qu'on s'y arrête un moment, Commençons par le beurre et le fromage. Parmi les exportations de la France, ces deux articles occupent, sur le tableau officiel, le neuvième rang parmi les soixante-quatre marchandises les plus importantes. La valeur de ces deux produits, qui a été de 82 millions de francs en 1873, s'est élevée à 90 millions en 1874, à 96 millions en 1875, à 108 millions en 1876, pour redescendre à 102 millions en 1877 et à 87 millions en 1878. Dans les mêmes six années, les importations se montent successivement à 31, 25, 28, 36, 31 et 33 millions. Voilà donc un mouvement considérable d'affaires.

Avant même de nous reporter aux tableaux de développement, nous nous rendons compte des circonstances qui font à la fois importer et exporter du fromage : le fromage de Brie français, pour ne citer que celui-là, puis le fromage de Hollande, le gruyère de l'Emmenthal, sont recherchés par les gourmets de tous les pays et s'échangent parfois les uns contre les autres. La France importe presque 5 millions et demi de fromage de Hollande, et un peu plus de 5 millions et demi de gruyère, et elle exporte 4,300,000 kilogrammes de fromages de toutes sortes, dont un peu plus d'un million de kilogrammes en Allemagne, un peu moins en Algérie, plus de 600,000 kilogrammes en Italie, 350,000 kilogrammes en Belgique, très peu en Autriche. Pour le beurre, nous signalerons seulement ce détail que, sur un total de 33 millions, la France a envoyé en 1878 près de 25 millions et demi de kilogrammes en Angleterre, 2 millions et demi en Belgique et autant au Brésil, un peu plus de 600,000 seulement en Allemagne. L'Autriche ne semble pas en avoir reçu du tout.

La statistique allemande nous donne les chiffres suivants sur le commerce de l'Allemagne. On y a importé en 1877 en tout 117,406 quintaux de fromage et 190,692 quintaux de beurre; ces deux denrées valaient ensemble un peu plus de 26 millions et demi de marks; l'Allemagne a exporté 244,000 quintaux de beurre et 54,600 kilogrammes de fromage. La statistique autrichienne montre que le commerce de ces produits agricoles est relativement faible pour un pays aussi riche en bétail; on exporte environ 1,400,000 kilogrammes de fromage, mais on en importe 1,250,000 ; quant au beurre, l'exportation est de 7 millions et demi de kilogrammes, l'importation est insignifiante, 20 à 25,000 kilogrammes.

Les œufs de volaille sont un autre de ces produits agricoles accessoires sur lesquels, à cause de leur importance, nous avons cru devoir appeler l'attention. L'Autriche-Hongrie a exporté, en 1877, 24 millions de kilogrammes d'œufs, d'une valeur de 4,813,000 florins, soit — si nous comptons le florin à 2 fr. 50 — 12 millions de francs; ces œufs vont, presque en totalité, en Allemagne. L'importation des œufs dépassait 3 millions de kilogrammes et valaient 605,000 florins, ils sont venus pour la plus grande partie de Russie. Les chiffres que nous venons de donner sont le maximum atteint jusqu'à présent. Dans la même année, l'Allemagne a importé 650,000 quintaux (50 kil.) d'œufs, évalués à 26 millions de marks (32,500,000 francs) et elle en a exporté 391,000 quintaux. En France, la valeur des œufs exportés a atteint en 1875, 46 millions et demi ; c'est jusqu'à présent le maximum. En 1877, le chiffre n'était plus que de 38 millions, et en 1878, de 35 millions et demi, représentant une quantité de 26 millions et près de 400,000 kilogrammes. Sur ces 26 millions de kilogrammes, 25,619,930 kilogrammes sont allés en Angleterre; il ne reste donc que de faibles quantités pour les autres pays. La France a importé 6,307,000 kilogrammes d'œufs valant 8 millions et demi de francs ; 3,554,000 kilogrammes viennent d'Italie, 1,761,000 kilogrammes de Belgique, 457,000 kilogrammes d'Allemagne, le reste, de différentes autres contrées.

Si maintenant nous faisons le bilan de ces chiffres et cherchons à en tirer un enseignement, nous devons nous dire que le beurre, le fromage et les œufs ne peuvent donner lieu à aucune objection contre une union douanière. Chaque pays envoie à l'étranger par une frontière, et importe par l'autre, sauf lorsque le produit importé est de nature particulière, car le brie et le gruyère, quoique des fromages tous les deux, doivent être considérés comme étant de nature différente. Une partie de ces denrées, par exemple le beurre frais, ne supporte pas de longs voyages, et les pays voisins se trouveraient bien de l'établissement de faciles communications et de l'enlèvement de toute entrave à ce commerce. On n'a pas à craindre non plus la concurrence, l'ensemble de la production ne suffit pas pour satisfaire à toutes les demandes. De là la hausse incessante des prix du beurre et des œufs, ces produits accessoires sont devenus une source d'aisance pour beaucoup de cultivateurs, il est seulement à regretter que la fabrication du beurre laisse encore tant à désirer dans certaines contrées.... Mais ce sont ces contrées qui en pâtissent les premières.

Nous avons garde d'oublier le vin. Au fond, il aurait mérité de figurer — au point de vue commercial

avant les animaux et leurs produits ; il y a vingt ou
trente ans, il donnait même lieu à plus d'affaires,
année ordinaire, que le blé. Cela se comprend aisément. Autrefois, les moyens de transport étant moins
parfaits que de nos jours, les denrées chères pou-
vaient seules être envoyées au loin, le blé ne se trans-
portait guère que par eau, et malgré les prix inouïs
du froment en 1817, on n'importa en France que
1,481,895 hectolitres ; actuellement les entrées attei-
gnent aisément 10 millions et au delà. Néanmoins,
malgré les chiffres élevés que les tableaux des douanes
accusent de nos jours en faveur des céréales, les vins
se maintiennent presque à leur niveau.

Ne produit pas du vin qui veut ; c'est une culture privilégiée, et le privilège est dû aux faveurs
du climat. Dans l'Europe centrale, la Belgique et les
Pays-Bas sont déjà situés trop au nord ; en tête des
pays à vin figure la France, où il existe 2,446,862
hectares de vignes ; puis, viennent l'Autriche-Hongrie
avec 614,986 hectares ; l'Allemagne avec 92,333 hectares, la Suisse avec peut-être 40,000 hectares. La
production, naturellement, varie d'une année à l'autre
et les différences sont assez grandes pour qu'il soit difficile
de donner une moyenne exacte. Avant l'apparition du
phylloxéra, c'était rester au-dessous de la vérité que
d'évaluer la production du vin en France à 50 millions d'hectolitres, ce serait peut-être exagérer aujour-
d'hui que d'aller jusqu'à 40 millions. Pour l'Autriche-Hongrie, nous adopterons un chiffre entre 24 et
25 millions d'hectolitres ; pour la Suisse, 900,000 hectolitres ; quant à l'Allemagne, l'évaluation qui en porte
la production totale à 2,730,000 hectolitres nous
semble la plus près de la vérité.

Les étendues cultivées sont donc bien différentes
d'un pays à l'autre ; la consommation, cependant,

n'est pas nécessairement en rapport avec les quantités produites dans le pays, l'importation supplée aisément au manque de récolte, et les pays abondamment pourvus ne demandent pas mieux que d'expédier leur super-flu. Nous allons mettre en regard, pour les pays qui nous intéressent le plus dans cette étude, les quantités de vin importées et exportées avec indication de l'excédant. Pour ne pas trop multiplier les chiffres, nous nous bornerons à donner ceux de la dernière année publiée, 1878 en France, 1877 dans les autres pays.

	Importation	Exportation	Excédent d'importation	Excédent d'exportation
	hectol.	hectol.		
France	1.602.880	2.784.984	»	1.182.104
Autriche-Hongrie	92.300 (1)	179.929	»	87.369
Allemagne	591.008	157.000	»	434.008
Suisse	1.850.000	»	1.800.000	»
Belgique	192.062	»	192.000	»
Pays-Bas	127.440	»	127.000	»

Nous voyons ici des pays qui ont un excédent d'importation en présence d'autres qui ont un superflu à exporter, et certes, le consommateur n'aura aucune objection contre leur union, car il en résulterait, soit la suppression totale de l'impôt des douanes, soit sa réduction. Les Gouvernements seuls pourraient avoir des observations à faire. En effet, selon la frontière par laquelle le vin entrera dans le pays, il payera ou ne payera pas d'impôt. S'il est dispensé d'acquitter des droits, le fisc sera en perte, et pourtant le fisc ne veut et ne doit rien perdre. Cette objection est sérieuse, on peut néanmoins la réfuter. Et très aisément. Si les produits des taxes douanières se trouvent diminués par l'entrée en franchise des vins, on a en même temps économisé les frais de perception, qui sont, on le sait, très élevés. Supposons, cependant, que la réduction des frais ne compense pas la diminution

____

(1) En quintaux métriques, or l'hectolitre de vin pèse à peu près 100 kilog.

du revenu et que le Trésor ne pût ou ne voulût supporter le déficit, il aurait la ressource des *Ueber-gangsabgaben* ou droits différentiels qui existent depuis longtemps en Allemagne, droits qui ressemblent plus qu'on ne croit au droit de circulation auquel on est habitué en France.

Quant à la concurrence, elle ne s'applique pas à des produits aussi différents que le Château-Margaux et le Johannisberg ou le Tokay. On ne confond pas non plus les vins ordinaires de Bordeaux avec ceux du Rhin, ou ceux de Beaune et de Mâcon avec ceux d'OEdenbourg et autres crûs autrichiens ou hongrois. En résumé, quelque produit que nous examinions, de quelque côté que nous envisagions la question, nous ne trouvons jamais que l'agriculture puisse élever, à son point de vue, une objection réelle contre une union douanière, délimitée comme on sait. Tout au contraire, elle doit l'appeler de ses vœux, car elle peut espérer trouver à se procurer à de meilleures conditions les objets qui lui servent d'instruments.

VII. — LES OBJECTIONS DE L'INDUSTRIE.

Nous abordons la difficulté la plus considérable de notre tâche, celle de réfuter des opinions préconçues, de vaincre des préjugés, ou plutôt de montrer que le préjugé n'a aucune raison d'être, qu'il n'est fondé sur rien de sérieux. On sait que les voix les plus défavorables aux traités de commerce et aux unions douanières s'élèvent du sein de l'industrie; on sait aussi que ces voix ne sont pas inspirées par des théories spéculatives, mais qu'elles parlent, parce qu'elles représentent des intérêts et que chacun doit se défendre. Mais, sont-ils réellement menacés par une union douanière de l'Europe centrale? Est-ce que réellement il y a une si grande différence de force entre les fabricants français, allemands, autrichiens, suisses ou belges, pour que les uns aient à craindre les autres, et tellement à craindre, que loin de se laisser entrer mutuellement chez eux, avec les politesses dues au voisin, on est bien plus disposé à se fermer la porte au nez? Il n'arrive que trop souvent que les esprits surexcités croient voir des spectres, où il n'y a qu'un peu de brouillard, que le plus léger souffle dissipe. On n'y regarde malheureusement pas d'assez près pour distinguer toujours la vérité de l'erreur, on n'en a souvent pas le temps, ou l'on manque de documents. Eh bien, nous avons le temps et les documents, faisons le travail et résumons-le, pour qu'on puisse s'en pénétrer en peu d'instants.

Mais on nous permettra une observation préliminaire que nous croyons assez importante. On parle beaucoup depuis quelque temps de *réciprocité*, appliquant ce mot aux articles, — aux droits ou taxes — du tarif des douanes ; nous voudrions lui donner une nouvelle application. Pourquoi ne chercherait-on pas la réciprocité des débouchés. Vouloir exiger le même taux des droits, cela n'a souvent pas de sens, parce qu'il n'y a pas d'intérêt ; ce qui est bien préférable, c'est que vous puissiez importer dans l'autre pays à peu près autant de marchandise que l'autre pays importera chez vous. Il n'est pas nécessaire de dire que nous ne songeons pas à établir ce que l'on pourrait appeler la *réciprocité de l'identique*, par exemple, que dans une convention franco-allemande on stipulât que l'Allemagne enverrait en France autant de vin de Bordeaux que la France en aurait expédié en Allemagne, on n'exigerait même pas qu'on échange du vin de Bordeaux contre du vin du Rhin, ce qui serait la *réciprocité du similaire*, nullement ; on n'énonce de pareilles propositions que pour en montrer l'absurdité. La réciprocité dont il peut être question ici est seulement celle de l'ensemble des industries ; nous nous offrons mutuellement un marché d'à peu près même grandeur : vous recevrez pour 500 millions de nos marchandises, nous recevrons pour 500 millions des vôtres. Débouché pour débouché, et nous sommes quittes ; voilà le principe, qui, naturellement, ne peut être réalisé dans la pratique que d'une manière approximative. En s'appuyant sur ce principe, il est aisé de justifier des unions commerciales entre des pays peu différents les uns des autre, comme les pays du centre de l'Europe, tandis qu'on explique aussi la répugnance qu'on aurait de s'unir *à l'Angleterre ou aux États-Unis ; au contraire, on sent qu'il y a entre ces contrées et les nôtres des différences telles que de grands intérêts seraient lésés par la suppression de toute barrière.* Ces contrées étant exclues, nous n'avons pas à nous en occuper ici.

— 56 —

Quelques chiffres nous seront nécessaires, et comme il ne s'agit pas, en ce moment, des chiffres les plus récents, mais de chiffres s'appliquant à la même année, nous prendrons ceux que nous trouvons dans le dernier *Statistical abstract of the… Foreing countries* (Londres, 1877) ; nous réduisons toutes les valeurs en francs.

		COMMERCE GÉNÉRAL (1)		PAR TÊTE	
		Import.	Export.	Imp.	Exp.
		millions	millions		
Allemagne	1874	5.885	»		
	1875	5.865	»		
	1876	6.170	»		
	Moyenne	4.985	4.651 (2)	112	110
France	1874	4.422	4.702		
	1875	4.462	4.868		
	1876	4.908	4.848		
	Moyenne	4.196	4.683	128	130
Autriche-Hongrie	1874	2.056	1.757		
	1875	2.080	1.976		
	1876	1.978	1.952		
	Moyenne	2.038	1.895	57	53
Belgique	1874	2.258	2.070		
	1875	2.318	2.108		
	1876	2.160	2.083		
	Moyenne	2.344	2.987	442	393

Nous ne pouvons donner les Pays-Bas, parce que nous ne trouvons que le commerce spécial, ni la Suisse, parce que ce pays ne publie que les quantités. En calculant les résultats d'années antérieures, nous trouvons pour la Hollande des chiffres peu différents de ceux de la Belgique.

A première vue, en consultant l'importation et l'exportation par tête, on trouve une égalité suffisante entre la France et l'Allemagne ; les légers disparates qu'on constate s'expliquent en partie par la différence des prix et même par la différence des évaluations ;

---

(1) Le tableau n'indique pour l'Allemagne que le commerce général, nous avons dû le préférer ici au commerce spécial.

(2) C'est le chiffre de l'année 1873, la dernière dont on ait calculé la valeur de l'exportation.

la France exporte ici plus, l'Allemagne moins qu'elles importent, ces pays se compléteraient donc. L'Autriche-Hongrie présente une infériorité notable, la Belgique une supériorité considérable. Voilà ce que semblent dire les différents chiffres vus en gros, c'est-à-dire de loin, sans explication. Si l'Autriche-Hongrie, relativement à sa population, n'offre qu'un marché restreint, c'est que l'empire du Danube est une contrée essentiellement agricole; la plupart des produits de cette nature ne s'exportent que d'une manière intermittente, ils dépendent, en partie, de la faveur des saisons. L'Autriche-Hongrie présente donc un marché moins vaste que certains de ses voisins, en revanche elle ne prendrait pas une place très considérable sur les marchés de ses associés. Il y a là une compensation dont ses concurrents seront loin de faire fi. Quant à la Belgique, c'est un pays industriel, mais ses gros chiffres ne doivent pas effrayer : ses exportations par tête sont presque le triple de celles de la France, mais aussi ses importations, qui dépassent notablement ses exportations sont quatre fois aussi fortes que celles de la France. Elle offre donc un marché plus grand que celui qu'elle revendique, et la différence peut être tout bénéfice pour ses associés.

Toutefois, dans une étude de cette nature, on ne doit pas se borner à voir les chiffres en gros, il faut les réduire à leurs éléments. Cette réduction peut se faire de deux façons différentes qui portent chacune son enseignement particulier : on peut poursuivre la même industrie à travers divers pays et comparer les formes qu'elle y revêt; on peut aussi considérer chaque contrée isolément, mais en décomposant son industrie en ses différentes branches, c'est la double division habituelle : par pays et par matières. Nous consacrerons des chapitres spéciaux aux pays, dans celui-ci, nous nous en tiendrons aux matières.

Parmi les nombreuses industries qui, dans chaque contrée, constituent le travail national, les textiles, les métaux, les mines prennent le premier rang par l'importance des intérêts en jeu : par le nombre d'ouvriers, par la grandeur des capitaux, le mouvement des transports, le développement de la consommation. Commençons donc par les textiles.

Il s'en faut que le coton soit le plus ancien textile cultivé, mais il est certes celui qui, depuis un siècle, a fait le plus de bruit, et qui a donné lieu aux plus fréquentes et aux plus poignantes préoccupations. Il s'est d'abord insinué tout doucement dans le monde industriel, on en parlait à peine avant l'invention de la machine à vapeur, mais à peine avait-on mis ce puissant engin à sa disposition, que l'industrie cotonnière progressa à pas de géant. Bientôt tous les pays voulurent avoir leur part de l'aubaine, et l'on vit cette industrie s'acclimater partout avec une certaine facilité, non sans que l'Angleterre conservât l'immense avance qu'elle avait su gagner dès le commencement de ce siècle. D'après une publication qui jouit d'une légitime autorité, la circulaire de la maison Ellison et Cⁱᵉ, voici quel est le nombre approximatif des broches de filature en Europe.

	Broches.		Broches.
Grande-Bretagne	39.000.000	Autriche	1.350.000
France	5.000.000	Belgique	800.000
Allemagne	4.850.000	Italie	800.000
Russie	2.500.000	Suède et Norvège	500.000
Suisse	1.850.000	Pays-Bas	220.000
Espagne	1.750.000		
		Total	58.460.000

Les États-Unis ont actuellement au moins 10 millions de broches, soit presque 3 millions de plus qu'il y a dix ans, ce qui donne une idée de la rapidité de ses progrès. En Europe, l'Angleterre possède à elle seule plus du double du nombre de broches que réunit l'ensemble des autres pays, et l'on calcule que ses fabriques élaborent 650 millions de kilogrammes de coton, tandis que le reste de l'Europe n'en emploie que 500 millions. Une pareille supériorité ne peut avoir été atteinte sans la possession de quelques avantages naturels et, en effet, on lui attribue les suivants : grandeur des capitaux, bon marché des machines et du combustible, facilité des transports, habileté des ouvriers, débouchés immenses qui permettent de travailler sur une grande échelle, et d'appliquer tous les perfectionnements. N'examinons pas, s'il y a dans cette énumération quelque exagération intéressée, admettons-la en entier ; or le seul chiffre de 39 millions de broches suffit pour que les autres pays considèrent sa concurrence comme écrasante. *On comprend donc qu'on élève des barrières douanières contre cette puissance envahissante,* mais est-ce une raison pour que des pays aussi égaux en force que la France et l'Allemagne appréhendent de s'ouvrir mutuellement leurs frontières ?

Du reste, et nous insistons sur ce point, il ne faut pas confondre, en ces matières, une immense supériorité avec une petite inégalité, ou même avec une inégalité d'une certaine importance ; il se peut très bien que ces différences d'un degré modéré trouvent leur compensation dans d'autres industries, de manière à rétablir une égalité approximative. Nous reviendrons sur cette matière, recherchons maintenant, sans nous arrêter au tissage et aux autres élaborations que subit le coton, quel est approximativement le mouvement du commerce des cotons bruts et fabriqués. Ce mouvement, malheureusement, n'est pas relevé partout de la même façon, nous comparerons ce qu'il sera possible de comparer, en nous appuyant sur les publications officielles.

PAYS	EN MILLIONS DE KILOGRAMMES					
	COTON BRUT		FILÉS		TISSUS	
	Import.	Export.	Import.	Export.	Import.	Export.
Allemagne.	135	29.9	23.3	9.1	2.2	12.7
France.	134	38	13	0.3	7.7	6.3
Autriche-Hongrie	39.2	2.3	13.3	0.5	6.7	2.5

Nous ne donnons ce tableau que comme preuve de
notre bonne volonté, mais nous devons déclarer que
les chiffres sont peu comparables. Ainsi, l'Autriche
indique toujours le poids brut (*sporco*), et l'Allemagne
le poids net (*netto*), mais ce qui est plus important, pour
trouver les chiffres ci-dessus nous avons dû additionner les tissus les plus divers, et naturellement, les
proportions des différentes sortes de tissus serrés et de
tissus légers ne sont pas les mêmes partout. Néanmoins, malgré l'imperfection des chiffres, il y a des
disparates qui frappent curieusement l'attention. Voyez
la colonne de l'importation des tissus, vous trouverez
en présence 2,200,000 kilog., 7,700,000 kilog. et
700,000 kil. ; les trois contrées ont une population sinon également nombreuse, du moins trop peu différente pour influencer les chiffres ci-dessus. Vous
penserez peut-être que c'est le tarif qui cause l'inégalité qu'ils présentent. Regardons-y de près, les trois
tarifs sont là ouverts devant nous. Le tarif français
se décompose en un grand nombre de subdivisions,
depuis 60 centimes par kil. jusqu'à 3 francs pour
l'écru, avec des surcharges de 15 0/0 de la valeur
dans un cas, de 25 centimes par kil. dans un autre.
Nous croyons pouvoir prendre 80 centimes comme
moyenne pour les toiles écrues, ce qui est certes rester
au-dessous de la vérité. Au tarif autrichien nous trouvons pour les tissus équivalents 40 fl. les 100 kil., c'est,

en fait, 80 centimes le kil. (1). En Allemagne les toiles écrues sont imposées de 30 marks les 50 kil., cela fait 75 centimes le kilogramme.

Que résulte-t-il de ces rapprochements? Il en résulte, ce semble, avec évidence que l'influence des taxes douanières est secondée ou neutralisée selon le cas, par d'autres influences, par le goût, par l'aisance générale, et surtout peut-être par la concurrence intérieure. Ajoutons enfin que l'annexion de l'Alsace a sensiblement contribué à augmenter l'importation des tissus de coton en France, et à en diminuer l'entrée en Allemagne, qui a maintenant plus de métiers qu'il ne lui en faut pour vêtir ses habitants.

Nous ne nous arrêterons pas sur le lin et le chanvre, non que les industries qui s'y rattachent manquent d'importance, elles en ont au contraire beaucoup, mais nous craignons de lasser la patience du lecteur en nous engageant trop dans les développements. Disons seulement, qu'après la Russie, les pays qui produisent le plus de lin sont l'Allemagne, la France, l'Autriche et la Belgique, que la matière première joue dans le commerce un rôle plus grand que le produit fabriqué, que l'Allemagne exporte du lin, et que la France en importe, enfin que les tissus de ces différents pays, lorsqu'ils sortent de l'ordinaire, ont chacun son caractère particulier, et répondent à des goûts différents.

L'industrie lainière a, depuis un siècle, changé tout aussi considérablement que les deux textiles végétaux dont il vient d'être question. Pour le coton et le lin, la révolution est uniquement due à l'emploi de la vapeur et aux perfectionnements presque merveilleux que subissent les machines; la laine, naturellement,

---

(1) Au moment où nous écrivons, le florin vaut 2 fr. 12 c. Si l'on compte le florin au maximum (2 fr. 50 c.), le droit est de 1 franc.

a également été livrée à la mécanique, à laquelle elle
s'est soumise avec sa souplesse bien connue, mais
une autre circonstance a fait passer la machine sur le
second plan, c'est celle-ci : la production coloniale ou
plutôt extra-européenne domine la situation, l'Amérique
du Sud, le Cap de Bonne-Espérance, l'Australie, sans
parler des autres pays d'outre-mer, envoyent en
Europe des quantités croissantes de laine, pèsent sur
les prix et influent sur la prospérité de l'agriculture
et sur la production de la viande. En 1859, bien que
dans ces vastes régions naguère désertes, on ne s'oc-
cupât que depuis une génération de l'élève des moutons,
les envois de laine en Europe furent évalués à 26 ou
27 millions de kil., en 1869 le chiffre dépassait
90 millions de kil., actuellement en 1879, on l'estimeà
298 millions de kil., près de 300 millions !

Si l'agriculture, se plaçant à un point de vue spécial,
peut se plaindre de cette concurrence écrasante,
l'industrie, et surtout le consommateur, ne peuvent
que s'en féliciter. La matière première ne manquera
plus aux filatures, et si son abondance en fait baisser
le prix, il n'en pourra résulter qu'une chose avantageuse, celle de mettre le produit à la portée d'un plus
grand nombre de bourses. Nous aurions voulu montrer
par quelques chiffres topiques les progrès qui doivent être attribués à cette affluence d'une précieuse
matière première à bon marché, mais presque partout
les causes se sont trop compliquées, pour qu'on puisse
donner des résultats nets de tout alliage. Ainsi,
tantôt le territoire n'est plus le même, tantôt une crise
est survenue, et qui sait quel a été l'effet d'une série
de mauvaises saisons ou d'un changement de mode.
Qu'on jette malgré tout un coup d'œil sur le dernier
Statistical abstract (1879) on verra, p. 62 et 63, ce fait
significatif, qu'il est entré en France en 1865 72,663,000

kil. de laine valant 236,200,000 francs, et en 1877, 134,235,000 kil., valant 315,500,000 francs. Il y a augmentation d'entrée, mais il y a diminution de prix, car la valeur moyenne de la laine est de 3 fr. 25 c. en 1865 et de 2 fr. 35 c. en 1877.

En Allemagne, on peut constater un fait tout semblable et peut-être trouvera-t-on l'accroissement encore plus fort, surtout si l'on remonte en arrière. En 1842, par exemple, le Zollverein n'importait que 163,309 quintaux (50 kil.) de laine ; en 1862, 419,306 quintaux ; en 1866, 673,515 quintaux ; en 1877, 1,370,000 quintaux, soit 68,500,000 kilogrammes. Supposons que dans chacun de ces deux pays la production de la laine indigène soit restée stationnaire, il en résultera néanmoins un progrès de la fabrication, et même de la consommation. Pour ne citer qu'un chiffre relatif à l'Allemagne, Dieterici évaluait, en 1849, la consommation par tête à 850 grammes, tandis qu'un article du *Staats-Anzeiger* (offic.) du 20 mars 1869 l'établit à 1 kil. 850 gr.

Nous allons essayer quelques autres rapprochements, rendus malheureusement bien difficiles par la construction si différente des tableaux des douanes ; aussi ne donnons-nous ces chiffres que comme un simple aperçu, en faisant remarquer qu'il a été impossible de distinguer, sur le tableau autrichien, le drap du mérinos, du moins à l'exportation ; à l'importation, nous nous sommes aidé de quelques notes ou observations marginales. Il eût été plus difficile encore d'additionner toutes les variétés d'étoffes, on ne peut réellement pas mêler des châles, des dentelles, des tapis, des couvertures et le reste.

Voici le tableau :

| | EN MILLIONS DE KILOGRAMMES | | | | | |
| | FILS DE LAINE | | DRAPS ET CASIMIRS | | MERINOS ET ÉTOFFES DIVERSES | |
	Import.	Export.	Import.	Export.	Import.	Export.
France	1.3	4.3	1.3	4.4	4.4	9.3
Allemagne.	18.5	4.5	4.5	3.0	4.2	8.4
Autriche.	3.4	11.3	12.3	?	9.8	?

Quelque imparfaits que puissent être ces rapprochements, ils montrent suffisamment que les différents pays que nous étudions n'ont rien à craindre les uns des autres. Chaque contrée a des produits dans la confection desquels elle excelle, et pour les lainages surtout il est vrai qu'on ne substitue pas aisément une production à l'autre. Jamais les mérinos ne peuvent faire concurrence aux draps, ni les châles ou les dentelles aux tapis. D'ailleurs, pour qu'il y ait échange, il faut bien que chaque pays ait quelque chose à offrir. Nous aurons à insister sur ce point, reproduisons seulement, avant de passer à un autre article, quelques chiffres que nous empruntons à différents documents. La Grande-Bretagne doit avoir en ce moment plus de 5,400,000 broches et 140,000 métiers mécaniques; la France compte près de 3 millions de broches, 38,000 métiers mécaniques et 62,000 métiers à bras ; en Allemagne on évalue le nombre des broches à 1,650,000 ; en Autriche il ne doit pas être loin de 700,000, sans la crise qui éclata en 1873, ce chiffre serait dépassé. Ces chiffres doivent être rapprochés du tableau ci-dessus.

La soie est une marchandise relativement peu encombrante, et d'une grande valeur ; il est des pays où elle forme une branche importante de l'industrie nationale et, comme le coton, elle a pu plus ou moins bien s'installer partout. Nous pensons en ce moment, cela va sans dire, surtout au tissage. Quant à la matière première, c'est autre chose, elle demande un climat privilégié, sinon pour végéter, du moins pour s'épanouir : comme Mignon, le papillon qui la produit aspire vers les pays « où fleurissent l'oranger et le citronnier. » Toutefois, si l'on tisse partout la soie, on ne le fait pas en tout lieu avec le même succès. Voyez l'Angleterre ; que d'efforts n'a-t-elle pas faits pour conquérir sur ce champ les palmes qu'elle a cueillies avec tant d'aisance sur d'autres ; la soie n'est pas le coton, ni le fer ; elle supporte la machine, mais elle demande aussi des doigts agiles et surtout..... le goût.

Nous avons dit les causes de la supériorité incontestable de la France dans cette branche de l'industrie : son soleil généreux et son goût éprouvé la mettent hors de pair. Malheureusement la culture du ver à soie est assez aléatoire ; en 1875, la production a atteint le quintuple de la production de 1876, et en 1877 on a obtenu une récolte encore supérieure à celle de 1875, mais si le cultivateur — le magnanier — en souffre, le manufacturier a la ressource de s'approvisionner en Italie et en Espagne, mais surtout en Asie. La Chine, le Japon, l'Inde, la Turquie, pourraient fournir au moins le double de la production européenne. Mais si, à la rigueur, on se procure *presque* toujours la matière première nécessaire, la manufacture a aussi ses chances à subir : la mode, les tarifs étrangers, les crises et les calamités de toutes sortes se font bien vite sentir dans les ateliers de soierie. Malgré tout, la valeur de la soie, sous toutes ses formes, est si grande, que ce brillant textile donne en tout temps lieu à un commerce important ; comparons donc les derniers résultats constatés dans les divers pays, en répétant que nous n'entendons donner qu'une vue d'ensemble et des chiffres approximatifs, quoique puisés aux sources officielles :

PAYS	EN MILLIONS DE KILOGRAMMES			
	SOIE GRÈGE, SOIE MOULINÉE, ET BOURRE DE SOIE		TISSUS DE TOUTES SORTES	
	Import.	Export.	Import.	Export.
France	9.04 (1)	3.35	0.51	2.65
Allemagne	3.36	4.37	0.36	1.65
Autriche-Hongrie	0.98	0.56	0.34	0.44
Suisse	3.38	2.26		3.36

Il résulte de ces chiffres, auxquels il faudrait ajouter, à la première colonne de gauche, le montant de la production intérieure en soie grège (ou brute), puisqu'il reste dans tous les pays une quantité quelconque de soie consacrée à la consommation intérieure. Et, ce qui est remarquable, tous les pays sont à la fois importateurs et exportateurs ; la France elle-même, malgré sa supériorité incontestée, accepte des soieries étrangères (allemandes, suisses et autres) ; elle les accepte librement et malgré les droits d'entrée, courrait elle un danger si une union commerciale supprimait ces droits ? Mais des droits s'opposent aussi à l'importation de ses propres soieries chez ses voisins. La convention à intervenir ne pourrait avoir qu'un seul effet : diminuer le prix de la marchandise, étendre par le bon marché le nombre des acheteurs et accroître, pour chacun, la somme des affaires.

Nous abordons, sinon un autre ordre d'idées, du moins un autre champ de l'activité humaine : c'est la meilleure manière de contrôler un principe que d'en multiplier les applications. Nous avons peut-être tort d'employer ce mot de *principes*, dont on abuse tant,

---

(1) Y compris 100.000 kil. représentant l'excédent d'importation des cocons. On sait que le chiffre ci-dessus représente le nombre 9.040,000 kil.

et d'autant plus, que notre étude n'a pas pour but de défendre quand même une idée générale. Au fond, nous n'attaquons ni ne défendons rien : une idée a été mise au monde par la génération qui nous a précédés c'est celle d'un Zollverein, cette idée s'est trouvée bonne, plusieurs voix se sont élevées pour en réclamer l'extension. Nous avons voulu étudier cette question à fond : jusqu'à présent il nous a semblé que le bien l'emportait sur le mal, nous continuons notre étude, voilà tout.

C'est à ce point de vue que nous disons : *quid*, du charbon de terre ?

Le charbon de terre — nous confondons sous cette dénomination la houille, l'anthracite et le lignite — a été appelé, avec raison, le diamant noir. C'est la pierre la plus précieuse que nous connaissions, et nous la plaçons bien au-dessus de tous les joyaux scintillants qui ornent les couronnes des rois et les bijoux de la plus belle moitié du genre humain. Et nous ne sommes pas seul de notre avis, comme l'on sait, on n'a qu'à se rappeler l'émotion profonde qu'eurent tous les pays civilisés, et surtout l'Angleterre, lorsqu'en 1865 on poussa le cri d'alarme : les mines vont s'épuiser ! quel soulagement n'avons-nous pas ressenti, lorsque la science, après enquête, affirma que nous en avons encore pour de nombreuses générations. Nous pouvons continuer à exploiter nos mines — nous parlons de tous les pays — et même à en augmenter encore l'extraction. Nous pouvons aussi continuer à considérer la consommation de la houille comme une des meilleures mesures de l'avancement industriel d'une nation. Le classement des pays d'après leur consommation de charbon de terre a été souvent fait, et sans y attacher une importance exagérée — car des industries très précieuses et très considérables, par exemple la fabrication de la soie, du cuir, etc., emploient moins de houille que certaines autres qui ne les valent pas — nous croyons cependant devoir reproduire l'un des plus récents de ces tableaux en arrondissant les chiffres.

En tonnes de 1,000 kilogrammes.

	Tonnes.		Tonnes.
Royaume-Uni	127.000.000	Autres pays de l'Europe	250.000
Allemagne	48.000.000	Total pour l'Europe	232.050.000
France	17.000.000	États-Unis	48.000.000
Belgique	14.300.000	Autres contrées	6.700.000
Autriche-Hongrie	13.200.000	Ensemble	286.750.000
Russie	1.700.000		
Espagne	600.000		

Cette masse de 286 millions de tonnes est beaucoup plus considérable que certain lecteur se l'imaginera, faisons donc remarquer, qu'un navire qui charge mille tonneaux compte parmi les grands navires de mer ; or, il faudrait 286,750 navires pour charger ces 286 millions de tonnes. L'Angleterre qui, malgré ses nombreux foyers industriels, en exporte le plus, entretient toute une flotte de navires charbonniers.

Il faut en effet apporter du charbon à ceux qui n'en ont point, c'est le pain quotidien des usines. L'Angleterre exporte 16 millions de tonnes et pourrait en fournir davantage ; voici comment se présente le mouvement dans les États de l'Europe centrale :

En milliers de tonnes.

	EXPORTATION		IMPORTATION	
	Charbon de terre.	Coke.	Charbon de terre.	Coke.
France	7.349	739	568	17
Allemagne	4.489	267	3.182	354
Autriche-Hongrie	1.495	»	2.773	»
Belgique	832	»	571	10
Pays-Bas	2.428	»	»	»
Suisse	685 (1)	»	»	»

Dans ce groupe d'États, l'Allemagne et l'Autriche-Hongrie ont un petit superflu, qui est très loin de

(1) Zugthierlasten, nous considérons cette mesure un peu flottante comme égale à la tonne.

combler le déficit des autres pays ; dans ces conditions, on peut affirmer que la production et le commerce des charbons de terre ne sauraient fournir un sérieux argument contre une union commerciale. L'idéal d'une association est précisément que l'une produise ce qui manque à l'autre. Nous n'ignorons pas qu'en cas d'union certains intérêts individuels peuvent être un peu lésés, mais peut-on sacrifier l'utilité générale à l'utilité privée, peut-être malentendue, — de quelques personnes. Nous pensons en ce moment à ce fait que certaines mines peuvent être situées d'un côté de la frontière, en face d'autres mines de même nature, situées de l'autre côté ; entre ces deux mines voisines la concurrence serait certaine. Mais aussi elle serait égale. Il n'y aurait pas lutte entre les propriétaires, ils feraient comme les ouvriers, ils s'entendraient sur les prix, et rien ne les en empêcherait, puisque la production indigène serait insuffisante. Il n'y a pas qu'un tailleur ou un cordonnier à Berlin, à Paris, à Vienne, il y en a des milliers, et tous vivent, c'est qu'il y a tant de gens à habiller !

On aura remarqué que les pays producteurs, l'Allemagne, la France, l'Autriche-Hongrie et la Belgique importent à la fois et exportent. Cela peut provenir de ce qu'il y a plusieurs sortes, plusieurs qualités de charbons de terre, ayant chacune son emploi spécial ; mais cela vient surtout des frais de transport. La houille est une matière encombrante, il y a souvent avantage à la faire venir par mer, et en France même, telle usine demande son combustible plutôt à l'Angleterre qu'aux mines du département voisin.

De la houille au fer, la transition est aisée, et cependant, l'histoire douanière de ce siècle en fait foi, il n'y a pas de marchandise qui ait donné lieu à autant de discussion et de tiraillement que le fer. Les textiles eux-mêmes — et Dieu sait s'ils ont soulevé des tempêtes — n'ont pas remué autant de passions que ce métal si indispensable pour une nation civilisée, si indispensable, qu'il en pourrait être l'emblême : l'âge de pierre, l'âge de bronze, l'âge de fer, répondent à peu près à l'état sauvage, l'état barbare, l'état civilisé. C'est parce qu'on ne peut pas se passer du fer, que la protection de l'industrie sidérurgique a trouvé tant d'adversaires. Nous n'ignorons pas que les usiniers n'ont pas manqué de réponses, mais il n'entre pas dans notre cadre d'apprécier les arguments des uns et des autres. Nous voudrions pouvoir oublier les querelles entre protectionnistes et libre-échangistes, et si elles s'imposent à notre pensée, à coup sûr, nous ne nous en mêlerons pas ici. D'ailleurs nous ne prétendons pas *supprimer* les frontières ; maintenez-y les droits que la raison publique jugera à propos, cette question ne nous touche pas, nous demandons seulement qu'on *recule* la frontière, de manière à élargir le champ de l'activité intérieure. L'industrie du fer peut-elle avoir une objection sérieuse contre cette extension des débouchés, peut-elle alléguer la crainte d'une concurrence écrasante ? C'est ce que nous allons voir, en consultant les documents les plus récents.

La comparaison des tableaux du commerce ne nous permet pas de faire un bon tableau comparatif, à cause de la différence des classifications, qui ne séparent pas non plus toujours le fer de l'acier. La fonte seule semble se prêter à un rapprochement sérieux, elle offre les chiffres que voici :

	Importation.	Exportation.
France.	89.716 tonnes	14.392 tonnes
Allemagne.	346.832	343.988
Autriche-Hongrie.	2.413	1.123

Nous voyons ici des chiffres bien différents, et néanmoins, le même phénomène économique se présente chaque fois : un excédent d'importation. Par conséquent, cela est de tout évidence, l'industrie d'aucun de ces pays n'est en situation d'*écraser* celle des autres. Il faut ajouter que les chiffres de l'Allemagne sont grossis ici artificiellement, car pour économiser les frais de transport une certaine quantité de fer allemand passe d'un port de la mer du Nord à un port de la Baltique, ce n'est là qu'un mouvement intérieur que les tableaux ne devraient pas relater. On demandera : puisque ces trois grands pays présentent chacun un excédent d'importation, quelles sont les contrées qui exportent? Ce ne peuvent être que celles qui produisent le plus. Nous trouvons sur ce point dans le livre de M. Pechar (1) un tableau dont nous allons reproduire les principaux chiffres. Sur une production totale 14,324,619 tonnes (de 1,000 kil.) de fonte que l'année 1876 a vu sortir de tous les hauts fourneaux de notre globe :

La Grande-Bretagne en a fourni.	6.660.895 tonnes
Les États-Unis	2.251.648
L'Allemagne	1.614.687
La France	1.453.442
La Belgique	490.508
La Russie	426.896
L'Autriche-Hongrie	408.428
La Suède.	551.658

Le reste se répartit entre tous les autres pays du monde. Il convient de faire remarquer que les chiffres ci-dessus ne sont pas encore concluants: la fonte n'est qu'un — Halbfabricat — un produit à demi fabriqué ; c'est-à-dire, que c'est une matière première pour beaucoup d'établissements. De même qu'on voit avec satisfaction entrer de la houille dans un pays, on devrait saluer aussi l'entrée de la fonte, car elle va alimenter le travail. Est-il nécessaire de prouver que la trans-

---

(1) *Kohle und Eisen* etc., von Joh. Pechar. Berlin, chez Julius Springer, 1878.

formation progressive du produit le plus brut, la fonte en gueuse, en produits fins et surfins, en coutellerie, quincaillerie, aiguilles, etc., n'est qu'une affaire de travail, et qu'avec le travail s'accroît le profit? Or, une fois qu'on veut aborder dans les statistiques l'étude des fers plus ou moins ouvrés, élaborés, ou des objets, outils, instruments, machines plus ou moins finis, le poids ne nous dit plus rien : un kilogramme de ceci et un kilogramme de cela, sont loin d'être identiques. Voudriez-vous comparer de préférence les valeurs? Ce renseignement ne serait pas à dédaigner, mais l'Allemagne ne donne pas la valeur des exportations, la Suisse non plus, et les valeurs des autres pays sont sujettes à discussion.

Force nous est de nous contenter des données sur la production et sur le commerce des fontes, et d'insister sur l'égalité de puissance qui semble en résulter. Ajoutons que la nature encombrante du fer ne lui permet pas de concourir sur tous les marchés dans des conditions également bonnes.

Les frais de transport sont un obstacle bien autrement fort que les droits de douane ; en supprimant les barrières entre certains États voisins, tout en les maintenant aux lignes extérieures, on ne peut susciter qu'une concurrence entre usines situées dans le voisinage des frontières, usines peu nombreuses et qui travaillent dans des circonstances et sous des conditions presque identiques. Une concurrence de cette nature, à armes égales, tout établissement doit s'attendre à chaque instant à la voir surgir, même parmi ses nationaux. Et quand nous disons à armes égales, nous pensons aux avantages géographiques, climatériques, même économiques (capitaux, ouvriers, etc.), mais nous faisons abstraction du talent des directeurs. Nous ne croyons pas qu'on puisse démontrer que l'habileté commer-

ciale soit plus répandue dans un pays que dans l'autre,
mais il est certain que la différence est grande, dans le
même pays ; les différents établissements ne s'en soutiennent pas moins — souvent en prospérant — les uns à
côté des autres. Pourquoi supporte-t-on courageusement
la concurrence de ses voisins et craint-on celle d'étrangers demeurant au loin ? N'est-ce pas là une question psychologique plutôt qu'économique.

VIII. — POINT DE VUE FRANÇAIS.

Nous avons, jusqu'à présent, envisagé la question au point de vue des marchandises les plus importantes, nous allons maintenant essayer de prendre successivement le point de vue des principaux pays intéressés, en étudiant uniquement leurs tableaux du commerce extérieur. Commençons par la France, ses tableaux ont une supériorité marquée sur ceux des autres pays, nous pourrons y faire une abondante récolte de renseignements. Voici d'abord un résumé du montant des affaires que la France a faites en 1878 avec les pays de l'Europe centrale (commerce spécial, en millions de francs).

PAYS	IMPORTATION EN FRANCE			
DE PROVENANCE	Matières premières.	Objets de consommation naturels.	Objets de consommation fabriqués.	TOTAL.
Allemagne.	171.8	139.2	107.3	418.4
Autriche-Hongrie	14.8	41.9	4.2	60.9
Belgique.	279.8	90.8	40.3	410.9
Pays-Bas.	15.3	15.2	1.3	30.3
Suisse.	53.4	18.5	38.3	110.2

PAYS	EXPORTATION DE FRANCE		
DE DESTINATION	Objets naturels.	Objets manufacturés.	TOTAUX
Allemagne	186.9	456.7	643.6
Autriche-Hongrie	3.8	21.6	25.4
Belgique	241.7	168.0	409.7
Pays-Bas	19.8	11.3	31.1
Suisse	157.3	72.1	229.4

Nous savons très bien que les données varient un peu d'une année à l'autre; mais nous pouvons sans crainte rattacher nos premières réflexions aux chiffres de 1878, parce que s'ils varient en quantité, ils ne varient pas sensiblement en qualité. Nous pouvons négliger pour le moment l'Autriche-Hongrie et les Pays-Bas, comme nous le faisons pour le Danemark, parce que ces contrées ne font pas des affaires considérables avec la France, sans doute parce qu'elles ne sont pas limitrophes. L'Allemagne envoie en France pour 171,8 + 139,3 ou 311,1 millions de produits naturels, et en reçoit pour près de 187 millions ; en revanche la France expédie pour 156 millions d'objets manufacturés et en reçoit pour 107. La France a donc un double intérêt à étendre son commerce avec l'Allemagne : elle reçoit des matières premières ou d'autres produits naturels dont elle ne saurait se passer, et elle envoie dans ce pays pour 50 millions de francs d'objets fabriqués de plus qu'elle n'en reçoit.

On ne sera pas surpris de nous voir rechercher, ici surtout, les avantages que la France retirerait d'une union commerciale, puisque nous l'avons annoncé en tête du chapitre : c'est au point de vue français que nous voulons nous placer pour un moment. Continuons donc : En ce qui concerne la Belgique, les importations en France et les exportations de France s'équilibrent presque complètement, 410,9 millions contre 409,7 millions. Le lot des manufactures françaises, 72 millions, l'emporte sur celui des fabriques belges, 40 millions, de 32 millions, cet excédent est payé par des produits naturels. Enfin la Suisse reçoit de la France deux fois autant de marchandises qu'elle ne lui en envoie, ce qui ne s'explique que si l'on considère comme transit une partie de ce qui a été expédié par la France. Ce qui semble confirmer cette conjecture, c'est qu'au commerce général, — qui comprend le transit, — la France reçoit de

Suisse pour 337 millions et lui expédie pour 329 millions de produits. Quoi qu'il en soit, en ne considérant que l'ensemble des affaires, la France ne peut pas avoir d'objection sérieuse contre une union avec la Suisse, et encore moins avec les cinq pays ci-dessus, qui importent ensemble en France pour 1,030 millions, et en exportent pour 1,039 millions. Et si nous n'envisageons que les produits manufacturés, la France en expédie pour 429 millions et n'en reçoit que pour 191 millions. En pareille situation on s'étonne un peu de voir l'opinion protectionniste si forte en France, les chiffres ne la soutiennent pas.

Nous allons maintenant approfondir les données générales contenues dans les tableaux ci-dessus, et jeter un coup d'œil sur le commerce franco-allemand, (commerce spécial) depuis 30 ans. L'Allemagne a importé en France, entre autres, les marchandises ci-après :

	Moyenne de l'importat. totale en France, en 1867-76	MOYENNE ANNUELLE de l'importation allemande		
		de 1867 à 1876	de 1857 à 1866	de 1847 à 1856
		millions.	millions.	millions.
Ensemble de l'importation.	3.407.5	283.0	158.0	66.5
Bestiaux (1)	137.3	39.5	22.7	9.6
Tissus, rubans, passementerie de coton. . . .	47.2	47.6	0.4	0.0
Tissus, rubans, passementerie de laine, . . .	88.6	10.0	3.0	0.0
Céréales.	244.6	18.9	10.1	5.0
Houille et coke	152.2	18.3	19.5	8.5
Peaux brutes	143.6	16.6	14.5	1.8
Bois communs, ...	161.0	14.2	13.3	8.3
Peaux préparées et ouvrages en peau	27.6	6.0	0.4	0.0
Fils de toutes sortes, ...	47.7	11.0	0.4	0.0
Laines.	270.8	8.3	16.5	3.0

La comparaison des différentes périodes n'a qu'une valeur très secondaire, elle est purement approximative, parce que l'étendue des territoires a changé (2) :

---

(1) Nous suivons l'ordre du tableau français.
(2) Par d'autres raisons encore, du moins pour la période antérieure

nous retenons seulement les deux colonnes de gauche dont le rapprochement nous paraît très curieux : l'une indique l'importation annuelle en France de tous pays, l'autre l'importation de l'Allemagne seulement. Il s'agit des dix principales marchandises, et si nous n'en avons pas présenté davantage, c'est pour ne pas multiplier les tableaux au delà du strict nécessaire. Nous signalerons ici le bétail, les céréales, la houille, les peaux brutes, la laine, tous produits naturels ou matières premières; puis nous ferons remarquer que les fils et tissus qui ont atteint si subitement de gros chiffres (comparez les périodes antérieures) proviennent de l'Alsace. Si une union douanière s'établissait, ce serait avant tout au profit de l'Alsace, considération qui, au point de vue français — c'est le point de vue de ce chapitre — militerait fortement en faveur d'une convention de cette nature.

Passons à l'exportation. Ce sera l'exportation de la France en Allemagne pendant trois périodes décennales comparée à l'ensemble de l'exportation française. Les chiffres sont également en millions de francs (commerce spécial).

	MOYENNE de l'exportation annuelle totale période 1867-75	MOYENNE ANNUELLE de l'exportation en Allemagne		
		de 1867 à 1876	de 1857 à 1866	de 1847 à 1858
Ensemble de l'exportation	3.506.4	326.4	203.0	69.8
Vins	244.4	29.7	18.2	12.0
Céréales (grains et farines)	119.6	24.8	4.6	0.9
Tissus, rub., passem. de laine	286.4	21.6	16.4	4.0
Coton brut (en laine)	61.7	20.5	2.7	0.0
Mercerie et boutons	169.6	18.7	22.6	4.4
Tissus, etc., etc., de soie	429.6	18.8	40.4	15.0
Laine	74.1	12.9	2.2	0.0
Soie et bourre de soie	155.2	9.1	6.3	2.5
Outils et ouvrages en métaux	64.0	8.4	2.7	0.0
Fils	46.9	10.4	5.7	1.3
Peaux prép. et ouvr. en peaux	199.5	9.8	4.7	1.6
Peaux brutes	32.6	8.1	1.3	0.0

à 1860. Voici les plus importantes de ces raisons : 1° Les prohibitions ont été supprimées; 2° la plupart des droits sur les matières premières ayant disparu, on ne peut plus, pour ces marchandises, distinguer le commerce général du commerce spécial.

Ce tableau montre que l'Allemagne est un client de plus en plus important pour certains produits dans lesquels la France excelle, sauf pour la soie, mais cela tient sans doute à la crise prolongée qui a exercé ses ravages en Allemagne. Ce pays achète d'ailleurs des machines, des livres, des fleurs et des modes, des confections, des articles de Paris, etc.

Procédons de la même façon pour la Belgique et commençons par ses importations en France :

	MOYENNE de l'importation annuelle totale, période 1867-76	IMPORTATION DE BELGIQUE		
		de 1867 à 1876	de 1857 à 1866	de 1847 à 1856
Ensemble de l'importation en Fr..	3,467.3	396.6	250.7	139.2
Houille et coke	152.2	89.5	63.9	44.5
Laine	270.8	45.4	9.7	8.6
Lin	86.2	31.5	26.2	8.5
Céréales	244.6	49.3	5.9	3.0
Bestiaux	137.3	21.4	16.6	6.9
Sucre	56.3	16.3	2.7	0.9
Tissus, etc., de lin	14.3	7.8	6.4	4.5
Matériaux à bâtir	?	10.2	8.9	2.8
Zinc	16.2	8.8	5.6	2.8
Bois communn	161.0	8.3	6.9	4.8

Ces chiffres ne représentent pas uniquement des produits belges quoique nous n'ayons relevé que les chiffres du *commerce spécial* ; il est évident que ni les céréales, ni les laines n'ont poussé en Belgique, le bétail aussi est en partie de passage. Comme produits essentiellement belges nous remarquons la houille, le lin, le sucre et le zinc. En somme, dans ces dix principaux articles d'importation nous ne relevons que pour 7 millions de tissus de lin : il n'y a pas là de quoi s'effrayer. Le sucre est un produit dont la France pourrait se passer, elle en fabrique déjà elle-même de trop pour sa consommation, mais puisqu'elle l'achète, elle doit avoir de bonnes raisons pour le faire.

Quand on parcourt en son entier le tableau des importations belges en France, on trouve sans doute encore d'autres marchandises que les dix ou douze que nous relevons, mais elles ont une importance bien moindre comme quantité ou comme valeur. Ainsi en 1867-76 le fer, la fonte et l'acier ne figurent dans leur ensemble que pour 2,500,050 francs. Aux années antérieures le chiffre avait été de 3,824,817 francs dans la période 1857-1866 et de 6,568,095 dans la période 1847-1856, donc l'importation a diminué bien que les droits de douane aient été réduits de plus en plus ; c'est que la production française a progressé sans relâche. C'est au traité de 1860 que certains fabricants français attribuent tout le mal dont ils prétendent que la France souffre ; pourtant malgré une forte réduction sur la fabrication des rails en fer, dont on a beaucoup moins besoin de nos jours, malgré la perte des usines lorraines, la France qui faisait en 1861, 631,000 tonnes de fer, en a produit en 1876 (année de crise), 733,404 tonnes (en 1875, 755,080 tonnes, en 1874, 768,000 tonnes). Pour l'acier, la progression a été bien autrement rapide, car la production a passé de 30,000 tonnes en 1861, à 241,000 tonnes en 1875. Si nous additionnons les valeurs produites en 1875 par la fonte, 189 millions, avec celle des fers, 190 millions, et des aciers, 82 millions, nous obtenons un total de 461 millions, à côté desquels les 2 millions et demi d'importation belge font une triste figure. Quand on y songe : 461 millions ont peur de 2 millions et demi ! Ces 2 millions et demi représentent la moyenne de la période de 1867-1876 ; mais pour que notre rapprochement ait toute la rigueur voulue, disons que l'importation de la Belgique en France, pendant l'année 1875, en fontes, fers et aciers, s'est élevée à la somme de 3,307,366 francs, soit moins de 3 millions un tiers. Ce serait donc 461 en présence de 3 1/3. Mais il n'y a pas lieu de s'étonner du contraste qu'offre la petitesse de ce chiffre avec la grandeur du bruit fait quelquefois par les intéressés. En ce monde, ce ne sont pas ceux qui ont raison qui font de grands efforts pour obtenir justice, c'est celui qui a tort qui se remue, crie, s'adresse au ciel et à la terre et c'est le plus bruyant qui l'emporte.

Après ce que nous venons de dire, il n'est pas nécessaire de s'occuper des industries moins importantes et nous pouvons dresser le tableau des exportations de France en Belgique :

	MOYENNE de l'exportation totale de la France période 1867-76	EXPORTATION EN BELGIQUE		
		de 1867 à 1876	de 1857 à 1866	de 1847 à 1856
Ensemble de l'exportation de Fr.	3,306.4	398.7	199.2	115.3
Laine	73.1	46.7	9.7	1.1
Céréales (grains et farines)	119.0	30.7	15.1	4.0
Tissus, etc., de laine	386.1	29.9	19.4	13.6
Fils de laine	37.3	20.9	5.7	2.3
Vins	244.1	18.6	15.3	9.3
Mercerie et boutons	169.0	15.9	10.2	9.9
Tissus, etc., de soie	429.6	15.1	26.4	26.0
Lin	17.0	15.0	4.0	0.3
Bois commun	96.5	12.4	6.8	1.0
Sucre	41.8	10.8	0.6	0.8
Outils et ouvrages en métaux	61.0	6.9	3.6	4.9
Peaux prép. et ouvr. en cuir	195.5	8.1	4.0	3.4

D'après ce tableau, la Belgique reçoit à elle seule 21 0/0 des exportations de la France, c'est donc un client qu'on doit traiter avec égard. Nous sommes cependant disposé — la justesse et l'exactitude avant tout — à en rabattre un peu, en considérant plusieurs articles comme plus ou moins grossis par le transit. Du reste, c'est un simple soupçon que les chiffres du commerce *général* ne confirment pas ; s'il n'y a pas d'illusion, la France fournit réellement à la consommation belge pour près de 30 millions de grains et de farines, et ce qui semble le confirmer, très indirectement d'ailleurs, c'est que, selon un document officiel belge (1), la Belgique a dépensé, telle année, plus de

____

(1) *Annuaire statistique de la Belgique.* Bruxelles, 1879.

— 81 —

250 millions de francs pour du blé étranger. Du reste, la France expédie en Belgique un grand nombre de produits fabriqués, et toute proportion gardée et toute déduction pour le transit accordée, le pays d'entre Sambre et Meuse reste un bon client de la France.

Nous allons maintenant étudier un autre voisin de la France qui, celui-là, ne ressemble guère à la Belgique, du moins ni géographiquement, ni par la nature de ses produits et de ses industries : nous voulons parler de la Suisse. Nous aurons à nous appuyer sur le document français seul, parce qu'il fait connaître la valeur des produits, le document suisse n'inscrivant que les quantités; or ce sont les valeurs seules qu'on peut additionner. Si, avant de faire des relevés, nous parcourous le tableau des importations de la Suisse en France, nous sommes frappés des fluctuations que nous constatons dans le sein de la période 1867-1876. On verra plus loin que la moyenne décennale a été de 107 millions; eh bien, dans le courant de la période, l'année 1873 présente un total de 93 millions, tandis que l'année 1868 en offre un de 140 millions. Les différences doivent en grande partie être mises au compte des céréales, du bétail et du bois.

Voici maintenant le tableau des principales importations suisses en France en millions de francs.

	MOYENNE de l'importation totale 1867-76 en France	IMPORTATION DE LA SUISSE		
		de 1867 à 1876	de 1857 à 1866	de 1847 à 1856
Ensemble de l'importation	3,407.6	107.7	64.2	33.1
Tissus, etc., de soie	30.9	14.3	2.8	3.1
Id. de coton	47.2	7.0	0.4	0.0
Son et bourre	380.7	22.5	17.1	6.7
Horlogerie	2.3	1.8	4.2	4.7
Orfèvrerie et bijouterie	38.8	2.5	0.2	0.0
Fromage	28.7	8.6	2.0	0.0
Bois commun	101.0	14.8	13.2	6.1
Bestiaux	137.3	7.0	5.6	2.4
Peaux brutes, etc	143.4	6.4	2.6	1.0
Fils de toutes sortes	47.6	2.1	0.1	0.0

Ce sont les manufactures de soie et de coton qui sont la pierre d'achoppement : certains fabricants français soutiennent de ne pas pouvoir en supporter la concurrence. Au fond la concurrence existe, puisque les mousselines suisses et d'autres produits entrent en France, seulement, on les paie plus cher, en proportion des droits de douane et de leur qualité surtout. Si les droits n'existaient pas on en vendrait sans doute davantage en France, mais serait-ce aux dépens de la fabrication française? Cela n'est pas probable, du moins à en juger par analogie. En effet, la suppression des prohibitions a bien ouvert un marché aux produits autrefois exclus de la consommation française, mais ces nouveaux venus n'ont point remplacé les anciens, ils se sont fait une place à côté d'eux. Nous ne soutiendrons pas la thèse que les taxes d'importation n'exercent aucune action, une telle assertion serait contredite à la fois par la logique et par les faits, nous voulons seulement constater que ces taxes n'ont pas toute l'influence qu'on veut bien leur attribuer. Pour ne citer qu'un exemple : la Suisse a une supériorité reconnue pour l'horlogerie, la France, qui était restée longtemps en arrière, a néanmoins voulu fabriquer elle-même ses montres, et en faisant des efforts elle a à peu près réussi, car il n'entre en France que pour 2,300,000 francs d'horlogerie, tandis qu'elle en exporte pour près de 13 millions, et sur ce chiffre de 2,300,000 francs les trois quarts viennent de Genève dont les montres ont une supériorité reconnue.

Nous allons maintenant passer en revue les exportations de la France en Suisse (commerce spécial).

	MOYENNE de l'exportation totale 1867-76 de la France.	EXPORTATION EN SUISSE		
		de 1867 à 1876	de 1857 à 1866	de 1847 à 1856
Ensemble de l'exportation.	3,896.4	275.0	155.4	55.2
Tissus, etc., de soie.	429.6	64.0	14.5	3.3
Soie et bourre de soie.	134.3	48.3	19.6	3.0
Céréales (grains et farines)	119.6	9.2	7.4	3.0
Vins.	344.4	23.3	17.4	1.9
Coton en laine.	64.7	15.4	11.1	3.0
Tissus, etc., de laine.	288.4	13.8	14.0	6.6
Peaux prép. et ouvr. en cuir.	199.5	8.1	4.9	1.4
Sucre raffiné.	108.8	8.0	5.6	1.7
Outils et ouvrages en métaux	64.0	4.9	2.9	2.6
Orfèvrerie et bijouterie	34.7	7.1	1.3	0.5

Le tableau de l'importation de la Suisse, à la page précédente, nous montre que ce pays envoie des soieries en France; mais combien en reçoit-il en échange? En tenant compte du chiffre de la population, voici quelles sont les proportions :

Envoi de la Suisse en France : 0 fr. 83 c. de soierie par habitant.

Envoi de la France en Suisse : 19 fr. 28 c. de soierie par habitant.

Donc, toute proportion gardée, la France expédie en Suisse vingt-trois fois plus de soieries qu'elle n'en reçoit. Qui gagne le plus à ce commerce? — Qu'on veuille bien le remarquer, nous ne parlons pas de la soie brute, mais seulement des tissus, rubans et passementeries. Si avec cela nous tenons compte des tissus de laine, des vins, des sucres raffinés, des outils et ouvrages en métaux, de l'orfèvrerie, on reconnaîtra que la Suisse est, pour la France, un marché — pratiquement parlant — plus grand que ne l'est le marché français pour la Suisse. Et qu'on nous sache gré de ne pas comparer les 275 millions du tableau ci-dessus avec les 107 millions qu'on trouvera sur le tableau précédent !

Nous passerons sous silence ici l'Autriche-Hongrie

et les Pays-Bas, parce que, ces contrées étant plus éloignées, les difficultés seraient moins grandes pour conclure une union. Que la France s'entende avec l'Allemagne, la Belgique, et la Suisse, et nous ne doutons pas que l'Autriche, la Hollande et même le Danemark et de l'Italie ne tarderaient pas à se joindre à ce noyau pour compléter le groupe de l'Europe centrale.

IX. — POINT DE VUE ALLEMAND.

Nous allons maintenant examiner la question d'une union douanière au point de vue allemand. Est-il nécessaire de dire qu'en nous mettant successivement par la pensée au point de vue de différents États, nous ne prétendons pas exposer les opinions émises par leurs gouvernements, leurs parlements, leurs chambres de commerce, ou par des autorités quelconques. Ce serait là une prétention impossible, aucune autorité n'ayant encore exprimé des vues sur cette question. Notre tâche est autre : Partant de l'idée que l'union, la paix, la fraternité sont choses désirables, que des liens commerciaux étroits contribuent à assurer ces bienfaits, nous examinons quelle objection chaque État pourrait bien faire contre cette idée, en se plaçant au point de vue de son intérêt étroit. Nous espérons que cette définition préviendra tout malentendu, et que nous pouvons passer à l'étude de notre question au point de vue allemand.

Il y a un document allemand qui a dû attirer particulièrement notre attention ; il émane de la diète commerciale allemande (*Deutscher Handelstag*), et réunit les avis des chambres de commerce et autres corporations analogues (*Zusammenstellung der Gutachten*, etc. Berlin, 1876). Malheureusement, ces *Gutachten* ou avis n'avaient pas été rédigés en vue d'une union, mais dans l'intention de consolider la séparation ; c'étaient des opinions individuelles émises en vue d'un intérêt étroit. Ne faisons pas, d'ailleurs, le diable plus noir qu'il n'est, l'enquête n'avait pas eu d'autre but. La question posée, librement traduite, portait : qui veut être protégé? Et tout le monde de répondre : moi, moi, moi. En voici la preuve : Ouvrez le volume des *Gutachten*, à la page 148, vous y trouverez la liste, peut-être complète, des griefs contre le tarif français et des demandes d'augmentation de taxe ; nous les avons comptés, leur nombre est de 106 ; la liste des griefs contre le tarif autrichien, page 147, est encore plus longue. Si l'on parcourt ces listes en détail, on trouve, à côté de quelques industries importantes, un grand nombre d'autres qui, certainement, méritent toute considération, mais dont l'intérêt particulier ne pourrait pas être mis en balance avec les intérêts généraux d'une nation.

Le tableau du commerce extérieur de l'Allemagne n'étant pas aussi détaillé que celui de la France, nous ne pouvons établir les mêmes rapprochements méthodiques et complets, nous nous bornerons à examiner quelques-unes des productions les plus importantes, et qui soulèvent le plus de réclamations. Nous avons pour guide dans ces recherches, entre autres, la *Denkschrift* (*Haus der Abgeordneten II* Session 1862, n° 25), présentée en 1862, lors du commencement des négociations pour le traité de commerce franco-allemand, ainsi que le rapport parlementaire (*Bericht*, etc., *Aktenstück*, n° 75). A la page 18 de la *Denkschrift*, il est question de réduire la protection dont jouit le coton filé, et, en faveur de la mesure, le gouvernement montre que de 1837 à 1861, la filature allemande n'a fait que progresser. Voici comment il procède : il défalque l'exportation du coton brut de l'importation ; de l'excédent, il ôte 3/10 pour représenter le déchet et les autres emplois, et considère les 7/10 restant comme l'équivalent de la quantité de filés produite en Allemagne. Il compare ensuite à la production intérieure les quantités importées, et dresse un tableau dont nous reproduisons les principales colonnes :

Périodes.	Consommation totale.	DONT	
		Filés allemands.	Filés étrangers.
1837—39	470.706	25.8 0/0	72.2 0/0
1840—42	617.615	27.5	72.5
1843—45	670.833	31.8	68.2
1846—48	667.193	31.7	68.3
1849—51	780.872	35.7	64.3
1852—54	891.169	44.6	55.4
1855—57	1.064.098	49.5	50.5
1858—60	1.298.902	60.1	39.9
1861	1.644.376	72.2	27.9

Nous ne pouvons nous empêcher de faire notre compliment aux filateurs allemands qui, prévoyant dès 1861 l'introduction d'un tarif moins élevé qui les soumettra, par conséquent, à une plus forte concurrence étrangère, au lieu de se décourager, ont augmenté leur fabrication en 1861. C'était une manière de prendre l'élan pour mieux sauter par-dessus l'obstacle. Voyons maintenant comment ils ont réussi. Nous allons prendre l'année la plus récente que nous ayons, l'année 1877, bien qu'elle ne soit pas la plus favorable à notre thèse. L'excédent de l'importation du coton brut sur l'exportation est de 2,332,000 quintaux (50 k.). Si nous ôtons les 3/10, il reste, comme représentation de la filature à l'intérieur, 1.632,400 quintaux. Pour les filés, l'excédent de l'importation sur l'exportation est de 183,763 quintaux, d'où il résulte une consommation totale de 1,816,163 quintaux de filés de coton, dont 90 0/0 provenant de la filature intérieure, et 10 0/0 de l'importation (1). Et il s'agit d'une époque où l'industrie est languissante. Si nous faisons abstraction de l'Alsace, si au lieu d'une importation de 183,000, nous comptons le double, ce n'est encore que 18.3 0/0 contre 81.7 0/0. C'est donc à tort qu'on soulèverait des objections de ce côté. En tout cas, il n'est pas probable que les objections s'adresseraient avec vivacité à la

---

(1) *Monatshefte zur Statistik des deutschen Reichs,* März 1879, p. 15 et 16°.

France et aux autres États de l'Europe centrale; ce à quoi on tiendrait, c'est que l'Angleterre et les États-Unis fussent exclus de l'union, et personne ne saurait, en effet, songer à les admettre.

A priori, on aurait pu s'attendre plutôt, de la part des fabricants de soie, à des objections contre une union commerciale avec la France, ce pays ayant une supériorité incontestée en matière de soierie; mais, comme on le lit dans le volume des *Gutachten*, p. 113 et 114, Crefeld, Elberfeld, Barmen, Gladbach, Lennep, Bielefeld, ne craignent pas la concurrence. Au banquet de la soierie, il y a de la place à côté de la France, mais un peu en arrière, pour l'Allemagne, l'Autriche et la Suisse, et même pour quelques autres nations. Pour ce qui concerne l'Allemagne, elle a importé, en 1877, 12,739 quintaux de soie manufacturée, et elle en a exporté 33,000 quintaux; dans les autres années, les proportions sont analogues.

Dans l'industrie des laines, comme dans tant d'autres, on se renferme volontiers dans des vues bornées par un intérêt restreint. Qu'on lise, par exemple, la page 125 des *Gutachten*, où l'industrie des peignages déclare ne craindre la supériorité d'aucun autre État que la France, et presque dans la même phrase où l'on demande des mesures pour entraver la concurrence française, on raconte que des filateurs allemands font travailler à façon en France, parce qu'ils n'ont pas assez de broches eux-mêmes, et qu'ils ont besoin de ces filés. N'est-ce pas là une plainte singulière, et peut-elle s'expliquer, psychologiquement, autrement que par un *Brodneid* (jalousie de métier), à rebours des fabricants riches en broches, contre des fabricants pauvres en broches. Et de quoi s'agit-il au fond? Consultons le dernier tableau du commerce extérieur de la France, qui, quoique détaillé, ne distingue pas la laine peignée de la laine cardée, tandis que les *Gutachten*, p. 125, ne parlent que de laine peignée ; mais il y est question un peu plus loin, dans le même sens, des filés de laine cardée. Voici les chiffres français :

Filés de laine.

Fils de laine :	Importation française en Allemagne.	Importation allemande en France.
Simples, blanchis ou non	2.231.299 kil.	685.349 kil.
— teints	623.938	539.754
Retors, pour tissage, blanchis ou non	774.826	806.846
— teints	536.076	37.807
— pour tapisserie, blanchis ou non	41.038	4.968
teints	17.425	2.191
	4.244.643 kil.	2.173.825 kil.

Voilà donc toute l'affaire, une différence de 2 millions de kilos ou 40,000 quintaux allemands. Comme le disent les *Gutachten*, il y a fil et fil ; on ne craint pas le fil de laine peigné anglais, parce qu'il n'est pas fabriqué pour les tissus qu'on fait en Allemagne ; aussi, on ne l'achète pas, tandis qu'on demande le fil de laine français ; eh bien, ces différences de fabrication font — voyez le tableau ci-dessus — que c'est tantôt la France, tantôt l'Allemagne qui l'emporte. On a donc besoin les uns des autres, et c'est juste ce qu'il faut pour une association. Nous parlons de besoins, l'Allemagne a importé, en 1877, un excédent de 188,917 quintaux (de 50 kil.) de filés de laine ; en revanche, elle a exporté un excédent de 149,880 quintaux de tissus, ce qu'elle n'aurait pas pu faire, si elle n'avait pas importé tant de fils, cela est évident par soi-même, mais cela ressort aussi des chiffres de l'époque antérieure à 1860. Prenons les années 1843, 1844 et 1845 à titre de comparaison (1).

Années.	Excédent d'entrée de fil de laine en Allemagne.	Excédent de sortie de tissus de laine d'Allemagne.
1843	32.824 qu.	36.326 qu.
1844	35.477	42.779
1845	33.959	38.482

(1) *Haus der Abg.* 1862, n° 78, p. 542.

Nous allons examiner maintenant quelques marchandises, presque au hasard ; on comprend qu'il est impossible de passer en revue toutes les industries, ce serait bien long et bien monotone ; il s'agit de montrer, par quelques exemples importants, les objections qu'on pourrait faire, et de peser ces objections pour voir si elles sont d'un assez grand poids pour contrebalancer les avantages d'une union commerciale.

Nous choisissons les gants parce qu'en feuilletant dans le document parlementaire n° 78 de 1862 que nous avons déjà cité, nous y lisons le passage que voici : « Les gants de peau (dit le rapporteur de la commission parlementaire) payent jusqu'à présent, en entrant dans le Zollverein, 44 thalers (165 francs) le quintal (50 kilogrammes), on a réduit la taxe à 13 thalers 1/3 (50 francs), tandis que le droit français est de 10 0/0. Cette concession, dit le mémoire (présenté à l'appui des propositions gouvernementales), le gouvernement royal a cru ne pas devoir la refuser à la France, les gants étant, comme on sait, une spécialité de l'industrie française ».

Le rapporteur continue ainsi : « Il y a lieu de faire remarquer, en outre, que la taxe antérieure, de 44 thalers, n'a jamais restreint sensiblement le débouché des gants français, surtout des gants en peau de chèvre, qui sont un article de mode, et que, relativement aux gants de peau de mouton et de chevreuil et autre gibier, l'industrie du Zollverein n'a rien à craindre de la concurrence étrangère ».

Le même document donne, pour 1861, le chiffre de l'importation totale, 203 quintaux (50 kilogrammes) et de l'exportation totale, 236 quintaux de gants allemands ; reproduisons, à titre comparatif, les chiffres que nous trouvons dans les *Monatshefte* (mars 1879, p. 15*) :

Importation totale dans
le Zollverein . . . .   489 quintaux
Exportation totale du
Zollverein . . . . .   3.970   »

Voilà une réduction de droits — et une très forte réduction (de 165 à 50 francs) — qui n'a pas fait trop de tort à l'industrie allemande. Consultons maintenant le tableau du commerce français, en faisant remarquer qu'à l'importation une partie des gants est taxée au poids et une autre partie à la valeur. De cette dernière partie, on ne connaît pas le poids : l'exportation tout entière est au poids. Voici les chiffres :

ANNÉES	IMPORTATION D'ALLEMAGNE EN FRANCE		EXPORTATION DE FRANCE EN ALLEMAGNE
	au poids.	à la valeur.	
	Kilog.	Francs.	Kilog.
1867	355	89.137	1.209
1868	»	277.344	1.134
1869	320	201.801	4.554
1870	1.753	490.642	1.334
1871	203	23.479	2.013
1872	340	406.421	7.039
1873	2.972	80.490	4.013
1874	5.073	88.201	3.941
1875	4.280	92.384	7.080
1876	1.337	201.288	6.800

Nous serions fort surpris si, après avoir lu avec beaucoup d'attention la page qui précède, un lecteur quelconque pouvait tirer de cette industrie la moindre objection contre une union commerciale entre la France et l'Allemagne, et nous pourrions présenter encore de nombreuses industries qui nous fourniraient les mêmes arguments.

Peut-être conviendrait-il surtout de dire un mot du commerce de houille et de fer entre l'Allemagne et la France. D'après le document français (*Tableau général*, etc., pour 1878), la France importe 7,012,931 tonnes de houille et 738,486 tonnes de coke, dont voici les provenances :

	Houille	Coke
Allemagne	726.924	209.192
Belgique	3.589.388	516.310
Angleterre	2.696.249	11.404
Autres pays	370	1.380
Totaux	7.012.931	738.486

En revanche, la France exporte 568,456 tonnes de houille, dont 67,879 en Allemagne ; l'exportation du coke est de 17,179 tonnes.

Si nous prenons maintenant les *Monatshefte*, nous constatons, pour l'importation en Allemagne, 166,634 tonnes de houille française et 4,438 tonnes de coke, chiffres qui sont plus exacts que les chiffres français, par la simple raison que, *partout*, l'importation est plus exacte que l'exportation. Ce ne sont pas là des chiffres bien terribles. Et si l'on parle des 10,748,000 tonnes que l'Allemagne a exportées en 1877 (*Monatshefte, märz 1879*), on montrera à côté une importation de charbon et coke de 9,513,000 tonnes. L'Allemagne et la France devraient donc plutôt s'attirer que se tenir éloignées l'une de l'autre, surtout en réfléchissant que la houille est une matière première.

Il en est de même du fer. Quelles sont les quantités que l'Allemagne envoie en France? De la fonte, sur une importation française totale de 89,716 tonnes, 3,629 tonnes ; l'Angleterre fournit à elle seule 75,186 tonnes. Du fer : en barres, carrés, ronds, plats, *au bois*, 46 (quarante-six) tonnes sur 20,780 ; *au coke* 3,934 tonnes sur 5,442. Les autres sortes de fer sont à l'avenant. Voyons ce que la France envoie en Allemagne ; le document allemand n'étant pas assez détaillé, c'est encore le document français que nous allons consulter. La France envoie en Allemagne 3,766 tonnes de fontes de toutes espèces, — ce qui n'est pas beaucoup en comparaison des 500,000 tonnes

que l'Allemagne reçoit de tous pays ; des fers en barres
(au coke), 437 tonnes, et les autres en proportion.
Quoi qu'en ait dit un usinier français, l'Allemagne et la
France sont plutôt des émules que des concurrentes,
ces deux pays n'ont rien à craindre l'un de l'autre, et
ils peuvent, avec avantage, fermer leurs barrières à
l'invasion des fers anglais et américains.

Occupons-nous maintenant des relations entre l'Allemagne et l'Autriche-Hongrie et répondons avant tout
à une question préalable qu'on pourrait nous poser :
comment, pourrait-on nous dire, pouvez-vous parler
d'une union commerciale étroite entre ces deux empires, quand ils ont tant de peine à s'entendre pour
faire un simple traité de commerce ? En d'autres ter-
mes, comment celui qui ne peut pas *le moins*, pour-
rait-il *le plus* ? Il n'est pas aussi difficile que l'on croit
de répondre à cette question insidieuse. Deux marchands qui auront à échanger des marchandises dis-
cuteront peut-être des semaines avant de tomber d'accord sur tous les points, tandis que si le fils de l'un
voulait épouser la fille de l'autre, il ne leur faudrait
peut-être pas une heure pour s'entendre. Ce sont les
détails qui causent les difficultés, les *minuties*, mais
non les grandes affaires ; pour celles-là on est *rond*,
on procède par grands traits.

Ouvrez, par exemple, les *Gutachten*, que nous avons
si souvent cités, comptez, p. 147 et 148, les articles
pour lesquels des vœux ont été exprimés par les industriels et vous trouverez qu'il y en a 114. Il y en a
d'importants, mais combien ? la plupart n'intéressent
qu'un petit nombre d'établissements. Consultez ensuite
les tableaux du commerce allemand, le fascicule de
mars 1879, p. 67-68*, il récapitule la valeur de l'ensemble des importations allemandes et trouve un total
de 3,773,667,000 marks (1 fr. 25 c.) ; sur ce chiffre,

des marchandises pour une valeur de 798,074,000 marks entrent en Allemagne par la frontière autrichienne. C'est un très beau chiffre, mais il n'appartient pas tout entier à l'Autriche ; les envois de la Turquie, de la Serbie, de la Roumanie, et presque tous ceux qui viennent de l'Asie et de l'Afrique sont compris dans ces 798 millions de marks (997 1/2 millions de francs). Le document autrichien ne nous permet pas de préciser ce chiffre, car lui aussi se borne à indiquer les frontières. Selon les évaluations autrichiennes, les marchandises qui ont passé les frontières de l'empire pour entrer en Allemagne valaient 866 1/2 millions de francs, et celles qui les ont passé pour entrer en Autriche, 920 1/2 millions. Quoi qu'il en soit, tout en nous souvenant de ce qu'ils ont de défectueux, nous traiterons les chiffres des *Monatshefte* allemands comme afférents exclusivement à l'Autriche.

Or, sur les 798 millions de marks des *Monatshefte*, trois groupes : céréales et farines, semences et fruits, animaux et matières alimentaires animales fournissent $258 + 52 + 146$, ensemble 456 millions de marks. Ce sont des produits agricoles, qui, relativement à un projet comme celui que nous étudions, ne peuvent donner lieu à aucune objection sérieuse. Les denrées alimentaires ne peuvent pas être créées à volonté dans un pays, chaque contrée s'efforçant naturellement d'obtenir de ses champs le maximum de rendement possibel, et d'utiliser la totalité de ses fourrages pour l'élève du bétail. Que ces efforts ne sont pas toujours couronnés d'un plein succès, cela résulte de la hausse lente, mais progressive et constante du prix de toutes les denrées en question et surtout des matières animales. Si un pays ne peut pas tout produire par lui-même, il est forcé, absolument forcé d'importer, et en pareil cas les producteurs de l'intérieur n'ont pas à craindre de concurrence. On dira qu'en Saxe, par exemple, on cultive le blé plus chèrement qu'en Hongrie, c'est possible, mais non certain, car si, en Hongrie, la terre est meilleure et le salaire plus bas, en Saxe, la science et l'art agricole sont bien supérieurs et les capitaux plus considérables — nous savons positivement par expérience que souvent ceci vaut mieux que cela — mais admettons que le quintal de froment coûte moins à produire en Hongrie, il faut pour égaliser les situations compter avant tout les frais de transport et le bénéfice des intermédiaires. Il faut compter ensuite sur la sagacité du vendeur qui — même sans avoir lu Ricardo — saura qu'il faut élever les prix au niveau de ce que coûte la production sur les terrains les moins fertiles. Il faut compter ensuite sur un phénomène observé déjà dans un grand nombre de localités, c'est le nivellement des prix opéré par les chemins de fer. En effet, nous savons que, dans les localités les plus reculées, les prix suivent de loin le mouvement des grands marchés. Voilà pour l'agriculture.

Des 798 millions de l'importation totale, nous avons déjà défalqué 456 millions, restent 342 millions. Voyons maintenant quelques matières premières, car à ces matières on peut presque appliquer ce que nous avons dit des céréales et du bétail, ce sont des aliments... pour les fabriques : elles consomment les matières premières comme nous consommons les denrées, il leur faut ces matières, il les leur faut absolument. Or voici quelques-uns de ces chiffres : matières textiles, laine, lin, soies brutes 87 millions ; bois, 47 millions ; drogues, couleurs, etc., 44 millions ; poils, plumes, etc., 26 millions ; combustibles, 25 millions ; minerai, etc., 16 millions. Reposons-nous un moment pour additionner. Cela fait 245 millions à défalquer des 342 ci-dessus, restent 97 millions.

Nous sommes loin d'être au bout de la liste des matières premières, comme chacun peut s'assurer en consultant les *Monatshefte* (mars 1879 p. 67*) ; nous aurions aussi le droit de défalquer le café et les épices (6 millions), mais il est inutile de multiplier les chiffres. Il suffit de constater que les marchandises fabriquées sont très nombreuses, par conséquent, chacune d'elles ne figure au tableau que pour une somme assez faible. Mais ces sommes ne représentent que l'importation en Allemagne, et quelles sont les sommes qu'il faudrait mettre en regard pour représenter l'exportation allemande en Autriche? Voilà ce que le document allemand ne nous dit pas. Avant de se plaindre de l'Autriche il faudrait savoir si l'Autriche n'a pas à se plaindre tout autant de l'Allemagne, de manière qu'un juge impartial les renverrait dos à dos.... si les deux parties ne préfèrent s'entendre à l'amiable et s'en aller la main dans la main.

Si nous ne craignions d'abuser des développements et surtout des chiffres, nous pourrions montrer que rien dans les rapports commerciaux entre l'Allemagne et la Suisse, la Belgique, les Pays-Bas, même le Danemark et l'Italie ne s'oppose à une union étroite. Les difficultés ne s'élèvent toujours qu'autour d'un très petit nombre de marchandises, et ces difficultés ne sont jamais insurmontables; c'est l'affaire des négociateurs. S'il s'agissait de l'Angleterre, nous n'en dirions pas autant ; mais sa puissance industrielle est connue et elle s'étend sur les métaux, les textiles et d'autres branches de l'industrie encore. Donner accès à ce pays dans le territoire de l'Union, c'est ouvrir au loup la porte de la bergerie.

X. — Point de vue autrichien.

Le principal client de l'Autriche-Hongrie, c'est l'Allemagne, cela ressort clairement des tableaux autrichiens, bien que ces documents se bornent à indiquer les frontières par lesquelles les marchandises sont entrées ou sorties. Nous pouvons donc nous occuper un peu plus longuement des rapports entre les deux empires de l'Europe centrale en nous appuyant sur le plus récent document commercial autrichien : *Ausweise über den auswärtigen Handel*, etc. (Wien, 1879). Selon ces *Ausweise*, le commerce avec l'Allemagne atteint en valeur, 60 et quelque pour cent de l'ensemble des relations de l'Autriche-Hongrie avec l'extérieur, non sans présenter quelques oscillations, et de plus, avec cette particularité, que la valeur des importations allemandes en Autriche diminue d'année en année, tandis que la valeur des exportations autrichiennes en Allemagne augmentent avec la même constance. Ce double phénomène s'explique simplement par le mouvement des prix : l'Autriche exporte surtout des denrées alimentaires et des matières premières, dont la valeur s'élève, et elle importe des produits manufacturés, dont les prix baissent.

Il ne faudrait pas croire, cependant, que l'Autriche-Hongrie n'exporte que des produits bruts, on veut dire seulement que la plus grande partie des matières brutes exportées vont en Allemagne, tandis que ce pays reçoit moins de la moitié des marchandises fabriquées qui sortent de l'Autriche. Voici les proportions exactes.

ANNÉES	EXPORTATION		
	En Allemagne.	Aux autres pays.	TOTAL
DENRÉES ALIMENTAIRES ET MATIÈRES PREMIÈRES			
1874.	80.15	19.85	100
1875.	81.79	18.21	100
1876.	82.07	17.93	100
1877.	82.11	17.89	100
MARCHANDISES FABRIQUÉES			
1874.	45.22	54.78	100
1875.	46.39	53.61	100
1876.	49.97	50.03	100
1877.	48.44	51.36	100

Il est évident, répétons-le, que chaque pays ne demande à l'autre que les objets dont il a besoin; si l'Allemagne se fournit en Autriche de préférence en produits bruts, l'Autriche a là un client qui lui restera volontiers fidèle, car, on n'augmente pas chez soi, à volonté, la production des matières brutes, comme on pourrait souvent le faire pour les produits fabriqués.

Entrons dans quelques détails, en nous arrêtant seulement aux produits manufacturés. Car c'est du camp des fabricants que les objections les plus bruyantes s'élèvent contre les relations commerciales étroites avec les pays étrangers. En tête des importations en Autriche nous trouvons les tissus de toutes sortes, tricots et passementerie, reproduisons en les principaux chiffres pour chaque textile à part.

NATURE des TEXTILES	IMPORTATION D'ALLEMAGNE EN AUTRICHE-HONGRIE		EXPORTATION D'AUTRICHE-H. EN ALLEMAGNE	
	Quantités.	Valeur en florins (2 f. 50)	Quantités.	Valeur en florins.
	Qu. mét.	Millions.	Qu. mét.	Millions.
Tissus de coton	7.384	3.5	7.223	1.7
— de lin.	93.487	5.8	35.444	7.5
— de laine.	25.914	15.0	8.288	4.3
— de soie.	3.448	13.5	956	2.2

Voilà le grand sujet de plainte, l'Allemagne envoie en Autriche plus de tissus qu'elle n'en reçoit. Regardons ces chiffres d'un peu plus près. D'abord, nous savons qu'il ne s'agit pas ici d'une importation en Autriche-Hongrie seule, mais d'une importation et d'un transit réunis, comprenant avec ce que l'Allemagne destine à l'Autriche-Hongrie, les marchandises expédiées en Roumanie, en Serbie, en Turquie et dans les pays situés au delà. Chose remarquable! qu'on revoie ci-dessus les quantités entrées en Autriche par les frontières allemandes, c'est *presque* la totalité des entrées. Voici, en effet la totalité des entrées.

Tissus de coton : Quantité totale entrée en Autr.-Hong.. 7.632
— lin : — — — 96.797
— laine : 24.512
— soie : 3.470

Cette circonstance, ce nous semble, doit singulièrement atténuer l'effet de ces gros chiffres d'importation. Considérons maintenant la colonne des sorties de l'Autriche par les frontières allemandes, nous aurons une tout autre impression. Les 7,223 q. m. de tissus de coton que nous voyons à la page précédente ne sont qu'une faible partie des 25,599 quint. exportés par l'Autriche; les 35,144 q. ne sont pas la moitié des 77,995 quint. de tissus sortis de l'empire autrichien; les 8,888 q. ne sont pas le quart du chiffre total des lainages, 38,643, et en face des 956 q. de soie nous devons en placer 1,492 pour avoir une idée de l'ensemble des exportations. Quelles sont les quantités réelles que l'Allemagne envoie en Autriche-Hongrie pour y être consommées, qui les connaît? Rien ne prouve qu'elles diffèrent beaucoup des quantités expédiées en Allemagne. Quand des États ne ferment pas absolument leurs portes, il se trouve toujours que des produits spéciaux de l'un s'échangent contre des produits spéciaux de l'autre. Il faut bien qu'ils entrent dans le pays pour s'échanger, c'est une nécessité physique. Quant à la prétention de toujours envoyer au dehors, sans jamais rien recevoir, c'est la prétention de l'enfant qui demande la lune.

Le document autrichien, pages XVII et suivantes, fournit le moyen de prouver, sans de longues recherches, que les réductions de taxes douanières adoptées en 1863 n'ont pas empêché les exportations de s'accroître. Il est naturel que les importations en aient profité aussi, c'était là précisément le but des réductions ; mais l'entrée rendue plus facile aux marchandises étrangeres n'a pas eu, comme on le craignait, pour effet d'écraser les fabriques indigènes. Si ces craintes avaient été fondées, comment auraient-elles pu concourir de plus en plus vigoureusement sur le marché international ? Dans les relevés que nous allons faire, nous ferons abstraction des produits bruts ou alimentaires, bien que nous aurions à citer de beaux progrès pour la période 1863 à 1877 savoir : 338 0/0 pour les céréales, 342 0/0 pour le beurre et la graisse, 757 0/0 pour le charbon minéral, etc.; nous nous bornerons aux produits fabriqués :

Augmentation de 1863 à 1867 de l'exportation des produits fabriqués.

Machines et pièces de machines	469.5 0/0
Verres et verreries	412.5 —
Objets en bois, meubles, etc.	191.4 —
Produits céramiques	167.6 —
Sucre raffiné	162.4 —
Fers	91.4 —
Cuirs, caoutchouc, objets en ces matières	424.3 —
Fils de lin	130.9 —
Bière	492.1 —
Spiritueux	631.5 —
Papier	202.4 —
Ouvrages en fer	227.4 —
Produits chimiques	136.1 —

Nous omettons les autres marchandises, comme moins importantes, mais ces exemples suffisent pour illustrer une observation que nous avons souvent eu l'occasion de faire : il en est de la protection exagérée comme de vêtements exagérés ou de chauffage exagéré en hiver : bientôt on s'y habitue, et l'on a tout aussi froid que celui qui se contente de se garantir avec modération de l'atteinte de la gelée. De même aussi, on voit des personnes s'habituer très bien à des degrés de chaleur moindres que ceux qu'on juge communément nécessaires et ne pas s'en trouver mal. Si la concurrence est un peu plus forte qu'on le voudrait, l'esprit s'aiguise, l'activité devient plus intense et loin de perdre dans la lutte, on y gagne. Mais, dira-t-on, il ne s'agit pas de modérer les taxes, mais de les supprimer. Nous répéterons, et nous le répéterons aussi souvent que cela sera nécessaire, personne ne parle de supprimer les taxes, *il s'agit de reculer les frontières, les plus dangereux concurrents resteront hors barrière*, et si l'union restreinte à l'Europe centrale devait encore avoir quelques inconvénients, il y aurait de suffisantes, de larges compensations, on souffrirait peut-être des rapports avec un associé, mais on profiterait des rapports avec un autre.

Nous en avons presque la preuve en mains. Le tableau du commerce extérieur de la France est si bien fait qu'en le consultant on y trouve toujours quelques lumières. Comparons donc, d'après ces tableaux, les relations commerciales entre la France et l'Autriche-Hongrie (commerce spécial) en reproduisant d'abord la moyenne annuelle des trois périodes ci-après :

Moyenne par période.	Importation d'Autriche-Hongrie en France.	Exportation de France en Autriche-Hongrie.
1867 à 1876	48.990.627 fr.	12.887.758 fr.
1857 à 1866	22.150.928	6.496.704
1847 à 1856	9.312.750	4.439.800

Voilà bien évidemment l'Autriche-Hongrie qui profite le plus des relations franco-autrichiennes; ces chiffres sont de nature à faire taire les objections qu'on pourrait soulever sur les bords du Danube. Sans doute il y a des satisfaits et des mécontents, et les mécontents seuls se plaignent, mais ceux qui négocient des traités ne sont-ils pas un peu obligés de se rappeler la fable de La Fontaine qui montre bien clairement qu'il est impossible de contenter tout le monde.

XI. — Accession des pays voisins.

Les pays voisins que nous avons en vue sont : la Belgique, les Pays-Bas, la Suisse. L'avenir dirait si d'autres pays encore, par exemple le Danemark et l'Italie, pourront être reçus dans l'Union ; nous n'avons pas à nous en préoccuper aujourd'hui. Notre tâche actuelle ne peut guère consister qu'à démontrer la possibilité de réaliser cette idée généreuse, qu'à en signaler l'utilité et à réfuter les objections qu'elle peut soulever.

On aura remarqué que dans notre pensée, l'union devrait comprendre trois grands États (1) : l'Allemagne, la France, l'Autriche-Hongrie, et probablement trois petits États : la Belgique, la Hollande, la Suisse. Ces trois grands États se complètent, à certains égards, au point de vue économique, et si certaines industries se font concurrence, c'est le plus souvent à armes égales ou la différence est seulement analogue à celle qui se rencontre entre les diverses provinces d'un même pays. Les trois petits États n'ont qu'à gagner à être associés à cette combinaison, on leur offre d'immenses débouchés en échange d'un marché restreint et pas n'est besoin de passer en revue les industries qui gagneraient et celles qui perdraient, car en somme le bénéfice est évident pour eux. On pourrait plutôt demander si l'affaire est avantageuse pour les grands États. A cette question nous répondrons affirmativement. Non seulement un marché d'une douzaine de millions d'habitants dans des contrées

---

(1) L'Italie nous paraît un peu éloignée du *centre*, mais nous sommes tout disposé à donner à ce mot un sens assez large pour y comprendre le pays « *wo die Zitronen blühen*. »

riches n'est pas à dédaigner, mais il y a encore des raisons géographiques : les transports des marchandises seraient facilités, on éviterait des détours, et comme les frais de transport sont une lourde charge, tout ce qui les diminue doit être reçu avec empressement.

D'un autre côté, l'union avec les petits États n'est politiquement possible qu'à une association de grands États et *non à un grand État seul*. Nous ne sommes pas dans les secrets des dieux, nous ne pouvons raisonner qu'avec les faits et les idées, soit même avec les aspirations et les hypothèses qui sont entrées dans la publicité et qui forment la matière première de toute discussion économique et politique. Or, c'est l'opinion générale qu'un grand pays qui s'associe étroitement avec un petit *s'expose* à l'absorber.... Nous soulignons, pour indiquer que nous supposons qu'il n'ait aucune *intention* de le faire. Mais de même que la lune tomberait sur la terre, si elle s'en approchait trop — les lois de l'attraction le veulent ainsi — de même le petit État tomberait bon gré mal gré sous la domination d'abord économique, puis politique de son puissant associé.

On a fait quelque bruit récemment d'un projet d'union entre la France et la Suisse; les auteurs de ce projet, nous en sommes convaincus, ont d'excellentes intentions, mais ils n'ont pas assez tenu compte des possibilités politiques. Ils veulent restreindre l'application de l'idée, parce qu'ils ne la croient pas réalisable dans son entier; or, c'est tout le contraire qui est vraisemblable. Sans doute, il faut une certaine dose de bonne volonté pour établir l'union de l'Europe centrale, mais il ne faut que cela. Il n'y a aucun empêchement politique : les États qui n'y seraient pas compris, même si la combinaison leur déplaisait, n'auraient qu'à laisser faire. De quelle façon interviendraient-ils ?

Il n'en est pas de même si *un* grand et *un* petit pays s'unissaient. Si la Suisse se rattachait à l'Allemagne, que dirait la France? Si la Suisse s'unissait à la France, que dirait l'Allemagne — sans parler des autres pays. Ou la France s'allierait-elle à la Belgique et l'Allemagne à la Hollande?

On voit quelles questions délicates surgissent dans cet ordre d'idées. Il est très possible que les hommes soient trop méchants en attribuant des intentions égoïstes ou conquérantes aux grands États, les grands États sont peut-être le désintéressement même, mais personne ne veut le croire, et le publiciste qui prend cette vertu pour point de départ de son raisonnement court le danger de se tromper. L'idée de l'union commerciale de l'Europe centrale ne part pas de l'hypothèse du désintéressement des États, elle suppose seulement que les États y verront un intérêt économique. Nous sommes très loin de croire que la réalité de cet intérêt soit évident pour tous. Nullement : nous savons très bien que l'idée ne paraît encore qu'une utopie aux hommes d'État, aux « hommes sérieux » et aux « hommes pratiques » : mais beaucoup d'institutions ont commencé sous cette forme ; est-ce que le diamant ne commence pas par être un caillou qui a besoin d'être taillé pour jeter tout son éclat?

Ce que la taille est au diamant, la discussion l'est aux idées. Elles ont besoin d'être envisagées sous toutes leurs faces, d'être soumises à l'épreuve de toutes les objections, d'être étudiées à la loupe par tous les intérêts. Le sentiment y joue aussi son rôle, et l'on sait que malgré tout ce qu'on a dit contre la politique des sentiments (*Gefühlspolitik*), c'est autant sur les sentiments que sur les intérêts que la politique repose. Eh bien, le sentiment — ou le sens politique — suffit pour rendre impossible une union entre un seul grand État et un ou même deux petits. Dans des circonstances pareilles, les voisins ne supporteraient qu'un simple traité de commerce qui accordât des réductions de droits de douane, mais qui maintînt les frontières entre les pays contractants. Encore ne savons-nous pas ce qui s'ensuivrait si des faveurs exceptionnelles étaient conférées dans des circonstances pareilles, cela dépendrait des conjonctures politiques. Et l'on ne doit pas oublier que si des combinaisons jugées préjudiciables par d'autres États ne trouvaient pas de contradicteurs immédiats, cette combinaison pourrait bien avoir dans un avenir quelconque des conséquences imprévues.

Que Dieu nous garde de ces combinaisons étroites et plus ou moins égoïstes. Une grande union ne saurait porter ombrage à personne, les cachotteries y sont impossibles, les empiètements politiques aussi. C'est une œuvre purement économique, établie non dans l'intérêt d'une ambition, mais au profit de tous, au moins du « grand nombre. » Elle soulève des objections, mais elle supporte la discussion, et l'on peut espérer la voir aboutir à des résultats plus ou moins complets.

XII. — L'OBJECTION CAPITALE.

L'objection que nous avons réservée jusqu'à la fin, parce qu'elle paraîtra la plus forte à beaucoup de personnes, l'objection financière, nous paraît d'une solution facile. Oubliez-vous donc, dira peut-être un ministre des finances, que les pays qui s'associeraient ne se paieraient plus les droits de douanes, ou s'en paieraient beaucoup moins, de sorte qu'il en résulterait un déficit dans mes revenus? Comment les remplacer? Ce point n'a pas été oublié, puisque nous prévoyons l'objection et que nous allons démontrer que la difficulté n'est réellement pas sérieuse. Oui, il est vrai, l'union commerciale réduirait au premier moment les revenus des pays contractants, ce qui est très naturel, puisque l'union a précisément pour but de supprimer des taxes, mais ces réductions du revenu seraient-elles bien considérables? Le document français étant le plus détaillé — on dirait que les auteurs ont prévu toutes les questions possibles, — nous allons l'étudier au point de vue qui nous occupe.

Mais auparavant faisons une observation d'une nature tellement évidente qu'il suffit de l'énoncer : Si vous supprimez des lignes de douanes, vous supprimez des frais considérables, dont il faut défalquer le montant des pertes que vous croirez avoir à subir. Vos pertes ne sont pas aussi grandes qu'elles le paraissent, puisque vous économisez une dépense. Ceci dit, revenons au *Tableau général* français.

C'est le tableau de 1878 que nous avons sous les yeux. Page 4, nous trouvons que le montant total des droits de douane perçus en cette année s'est élevé à 276,509,874 francs.

A cette somme ont contribué :

L'Allemagne pour	fr. 13.708.600 fr.
Les Pays-Bas pour	3.201.323
La Belgique pour	29.938.601
La Suisse pour	3.518.584
L'Autriche-Hongrie pour	613.341
Ensemble	Fr. 47.979.891

Soit, 50 millions. Ce serait là un bien petit chiffre, — un obstacle dérisoire — pour empêcher la France de prendre telle mesure qu'elle jugerait utile, bonne, ou même seulement agréable. Encore ne s'agirait-il pas de payer cette somme, il s'agirait seulement — nous allions dire de changer le fusil d'épaule — de répartir autrement une faible fraction du budget, 50 millions sur 2 milliards et plus de 700 millions ; beaucoup de gens disent même, en exagérant un peu, trois milliards. Ces 50 millions, qu'est-ce pour un pays où en une année on a un excédent de près de 150 millions. On parle de dégrèvement en France ; eh bien ! voilà de quoi dégrever ; annulez les droits de douane acquittés par l'Allemagne, la Hollande, la Belgique, la Suisse et l'Autriche-Hongrie, cela vous est facile.

Mais, est-il bien nécessaire d'annuler 50 millions ? Est-il même nécessaire de les répartir en entier autrement ? Nous savons qu'on distingue entre les droits fiscaux et les droits protecteurs, de même qu'entre les droits de douane et les droits d'accise ou de consommation. Or, quelques-unes des marchandises comprises sur la liste que nous avons sous les yeux (p. 16) supportent des droits d'accise ; elles ne subissent pas uniquement la loi douanière, elles continueraient à être imposées lors même que la douane serait entièrement supprimée. Par exemple, la bière allemande entrée en France, en 1878, a payé 1,760,596 francs, l'eau-de-vie 933,847 francs, les tabacs 408,422 francs, le sucre brut 1,738,469 francs : voilà presque 5 millions à défalquer rien que pour l'Allemagne.

Sur les 3,200,000 francs payés par la Hollande, il y a à défalquer 2,371,940 francs pour le café, 172,298 francs pour le sucre, sans compter la bière, le tabac, les épices, le camphre et le reste. Il ne faut pas oublier, en effet, que les frontières ne sont pas supprimées, mais seulement reculées, les marchandises exotiques qui nous viennent par la Hollande paieront comme par devant. Pour la Belgique, nous trouvons, rien que pour le sucre brut, 4,584,013 francs, pour le sucre raffiné 817,168 francs, pour le café 2,054,675 francs, pour le tabac 552,005 francs, sans compter la bière et d'autres produits. Les chiffres que nous relevens pour la Suisse ou pour l'Autriche sont de beaucoup inférieurs, mais on voit qu'il faut sensiblement en rabattre des 50 millions. Quelle que soit la somme qui resterait après la défalcation, qu'on dégrève le budget ou qu'on remplace la taxe douanière par quelques centimes additionnels, nous n'avons pas à nous en préoccuper, « ce n'est pas une affaire » comme on dit, et, en tout cas, ce n'est pas notre affaire. On a dit un jour de la France qu'elle faisait la guerre pour une idée ; cette guerre lui a coûté plus d'un milliard, c'est 50 millions de dépenses annuelles en plus ; or, cette idée coûtera moins, elle sera pacifique et féconde sous beaucoup de rapports.

Les documents commerciaux des autres pays ne sont pas assez développés pour qu'il soit possible de faire des rapprochements analogues. Nous voyons bien le tableau de la page LIV du document autrichien de 1877, où le total des droits de douanes perçus pour l'Autriche-Hongrie est porté à 19 millions 676,000 florins (2 fr. 50 c.), dont 13,981,000 ont été perçus aux frontières allemandes. Toute cette somme de 13 à 14 millions n'est pas payée par des produits allemands seulement, mais quelle est la part de l'Allemagne? C'est un mystère. Mettons que ce soit 10 millions, ce serait donc au plus 25 millions de francs à trouver et probablement moins. Ce serait de notre part une véritable outrecuidance que vouloir donner des conseils au ministre des finances de l'empire autrichien, mais ce pays est trop grand pour qu'une aussi faible somme puisse peser dans la balance lorsqu'il s'agit d'une mesure d'une très grande portée. Une pareille somme ne saurait être un obstacle.

Dans les autres pays intéressés, la perte sur le revenu ne saurait l'être non plus, car, ou le revenu douanier provient surtout de denrées coloniales, de vins et de spiritueux, et alors on n'y touche pas, ou il est proportionnellement faible et facile à remplacer. On n'a qu'à vouloir pour pouvoir. Ceci, chacun le fera d'une manière conforme à sa situation économique, à l'organisation de ses finances, aux habitudes des populations. Il y aurait à voir aussi si, à côté des droits d'accise sur certaines denrées et sur les spiritueux, qui seraient maintenus en tout cas, parce qu'aucun pays ne saurait s'en passer, on ne pourrait pas conserver pendant une certaine période, et à titre transitoire, des droits différentiels sur quelques marchandises. Si l'on choisissait dans chaque État les trois ou quatre objets manufacturés les plus productifs, peut-être en même temps ceux qu'on jugerait avoir le plus besoin d'une protection spéciale, réservant le libre passage à l'immense majorité des articles ce serait déjà atténuer, sinon faire disparaître les plus grosses difficultés. Il y aurait des *Uebergangsabgaben* pour certains tissus ou fils comme pour le vin et l'eau-de-vie.

On pourrait encore, il faut tout prévoir, même l'improbable, on pourrait encore voir une difficulté dans l'existence de certains impôts qui ont pris la forme d'un monopole d'État. Tout le monde aura pensé au tabac. Ce monopole existe déjà dans quelques États, et il faut espérer qu'il sera établi dans les autres, car le tabac, comme consommation de luxe, est une matière éminemment imposable. On sait que la France lui doit un revenu net de près de 300 millions de francs. Que ferait-on, en France, s'il fallait remplacer ce revenu par des impôts? L'Autriche et l'Italie, sans en tirer autant, lui doivent des ressources très importantes. *L'Allemagne aura sans doute la sagesse de suivre d'aussi engageants exemples.* C'est un moyen de se débarrasser de telle contribution incommode, sans gêner personne.

En attendant, nous dira-t-on, les droits, c'est-à-dire les prix diffèrent, et ces différences auront des inconvénients. Nous ne le croyons pas. D'abord le tabac est une affaire de goût ou d'habitude; le prix n'a qu'une faible influence. Telle personne achètera des cigares de 25 pfennings ou centimes ou kreutzers, bien qu'il y en ait d'autres à côté à 10 ou 5, il veut ce cigare-là, et non l'autre et point d'autres. Puis, comme il s'agit de monopoles d'État, les gouvernements peuvent plus facilement s'entendre pour ajuster leur prix, sans préjudice pour personne. D'autres combinaisons sont possibles, des recettes communes, avec des partages proportionnels. Enfin, ici aussi les *Uebergangsabgaben* restent comme dernière ressource. Tout cela ne sont que des questions de mode d'exécution; qu'on adopte le principe, le reste viendra par surcroît.

XIII. — CONCLUSIONS.

Arrivé à la fin de notre travail, on nous permettra de jeter un coup d'œil en arrière. Nous avons été frappé de la grandeur d'une idée que des esprits distingués ont jeté dans la publicité et qui semble y avoir fait son chemin, c'est l'idée d'une *Association douanière de l'Europe centrale*. Trois grands États, la France, l'Allemagne et l'Autriche, trois petits États, la Belgique, la Hollande et la Suisse s'uniraient sous de certaines conditions pour établir un marché intérieur de 125 à 130 millions d'habitants, qui, sans se faire aucune concession politique, s'arrangeraient pour vivre du même régime économique. Les frontières intérieures seraient presque supprimées, on ne conserverait que les frontières extérieures, qu'au besoin on pourrait fortifier, sans néanmoins en faire un mur de Chine.

Cette idée, nous ne nous le sommes pas dissimulé, soulève de nombreuses objections : objections politiques et économiques, objections financières et administratives, objections théoriques et pratiques. Nous les avons prises une à une et nous les avons étudiées, cherchant à séparer les apparences de la réalité des choses. Nous avons un moment abordé la politique pour montrer que dans une Union renfermant trois grandes puissances, il ne saurait être question de l'absorption de l'une par l'autre, et que l'équilibre ne saurait être troublé par des relations économiques. Faisant allusion à certains événements et à certaines aspirations, nous avons fait toucher du doigt cette vérité, qu'en présence d'un État comptant bientôt 100 millions d'habitants et continuant à s'accroître, l'équilibre européen sera tôt ou tard rompu à son profit et qu'il ne sera pas de trop de l'entente entre la France et l'Allemagne pour tenir tête au « colosse du Nord ».

Passant aux objections qu'on pourrait tirer de la théorie économique, nous avons constaté que les libre-échangistes ne peuvent qu'applaudir à une mesure qui recule les frontières douanières, tandis que les protectionnistes devraient saluer avec joie une extension du marché intérieur qui augmente leurs débouchés, tout en les protégeant contre la supériorité industrielle et agricole de l'Angleterre, des États-Unis et de la Russie. Mais on pourrait craindre que l'extension des frontières ne produise une aggravation de la concurrence intérieure qui compenserait les avantages d'un agrandissement du marché. L'exemple du *Zollverein* nous a servi à les tranquilliser sur ce point. Beaucoup d'objections se sont autrefois élevées contre la création de cette Union commerciale qui a eu besoin de bien des années pour se fonder et pour gagner ce qu'on pourrait appeler ses « limites naturelles ». Une fois qu'on les avait atteintes, la production a pris son élan et nous avons pu signaler les progrès qui ont été le résultat du Zollverein.

Les objections pratiques nous ont ensuite préoccupé assez longuement. L'une est la rédaction d'un tarif commun. La rédaction d'un tarif, même d'un « tarif autonome », n'est jamais chose facile, nous avons vu des tarifs qui ont été sur le chantier pendant quatre ou cinq ans et qui ont finalement mécontenté à peu près tout le monde. Pareilles difficultés sont inhérentes aux choses de ce monde, à la nature humaine, mais il faut les vaincre ou renoncer à tout progrès. On y parvient à force de transactions, et l'on y est parvenu plus d'une fois dans le Zollverein et ailleurs, et l'on s'en est bien trouvé. Une autre objection pratique est fondée sur la différence des impôts dans les divers pays. On peut s'entendre sur la modification des droits de douane, parce que les taxes d'entrée ne forment qu'une assez faible fraction de l'ensemble des revenus; mais les droits de consommation ou d'accise jouent un très grand rôle dans nos budgets modernes. Cette difficulté s'est présentée en Allemagne, mais on l'a résolue par les *Uebergangsabgaben*, taxes différentielles qui égalisent les impôts de consommation, sans causer le moindre préjudice aux trésors des différents États.

C'était là des points de vue gouvernementaux, mais il était nécessaire aussi de se placer successivement à ceux du commerce, de l'agriculture et de l'industrie. Ne nous arrêtons pas au commerce, qui, lui, ne s'opposera jamais à l'élargissement du marché. L'agriculteur est surtout producteur, et sous ce rapport il partage un peu le vice originel de tout producteur, la crainte de la concurrence. Lui aussi veut être, si l'on peut s'exprimer ainsi, le marché actif, celui qui vend, et non le marché passif, celui qui achète. Il faut lui rendre cette justice, il y met un peu moins d'ardeur que l'industrie, et il a raison, car on peut lui dire : Avant de fermer la porte aux importations, montrez-nous que vous êtes en état de nous nourrir.

Produisez-vous assez de pain? assez de viande? assez de vin? Nous allons vous prouver que *non*. Nous vous prouverons — et nous l'avons fait — que le nombre des habitants s'accroît plus vite que les rendements, et que s'il n'y avait pas l'importation, « au banquet de la vie », dans nos pays de l'Europe centrale et occidentale, on ferait maigre chère, on ne mangerait pas son content. Il s'ensuit que les prix, s'ils ne peuvent pas atteindre aux taux de disette ou de famine, descendent de moins en moins jusqu'au taux de l'avilissement. En tout cas, la concurrence qu'on pourrait craindre, ne peut pas venir des contrées associées, mais du dehors : de six contrées, cinq ayant presque tous les ans un déficit à combler, et souvent la production de la sixième étant loin de suffire à ses propres besoins.

Les objections de l'industrie sont un peu plus difficiles à réfuter, mais quand on étudie les chiffres que nous avons cités, on trouve qu'on grossit le mal plus que de raison et qu'il y a beaucoup de compensation. Chacun fait comme s'il avait seul le droit de vivre — il faut pourtant que tout le monde vive : *Leben und leben lassen.* — Vous voulez que j'achète vos mérinos ? Achetez mes draps. Nous prendrons votre coton, si vous recevez en échange notre lin. Le proverbe dit : *donnant, donnant* (deux fois), il faut donc être à deux de jeu ; si vous demandez le monopole, cela n'est plus *fair play*. Ah ! si l'on était équitable, on ne crierait pas tant, on s'accorderait et on se trouverait bien de l'union commerciale. Nous espérons qu'on finira par s'en convaincre. — C'est un long chapitre, émaillé de chiffres, où nous démontrons ces vérités devenues proverbes, nous ne pouvons qu'y renvoyer.

Dans quatre chapitres nous nous plaçons successivement au point de vue des divers pays. L'union commerciale, non avec *un*, mais avec *trois* grands États, est tellement avantageuse pour les petits États que nous ne croyons pas nécessaire de le démontrer longuement. On leur ouvre des marchés tellement étendus, que les petits sacrifices qu'on pourrait leur demander seraient compensés au centuple ; ils accepteraient certainement des deux mains si la proposition leur était faite. Parmi les grands États l'un ou l'autre pouvait hésiter, et c'est pour cette raison que nous nous mettons successivement au point de vue de chacun d'eux.

Une première chose à constater, c'est que l'ennemi contre lequel on s'arme le plus vivement, contre lequel on voudrait se barricader, c'est l'Angleterre et ce seront bientôt les États-Unis. Ces pays-là ne sont pas compris dans l'union. Les autres se font bien encore concurrence, mais avec une supériorité peu marquée. La supériorité dont nous voulons parler ici n'est pas celle du goût et de la beauté; dans ces régions il n'y a pas précisément concurrence, puisqu'on ne dispute pas des goûts; la concurrence ne se révèle que dans les prix; c'est sous ce rapport que les différences ne sont pas aussi grandes entre les États de l'Europe centrale qu'entre le continent et l'Angleterre. Maintenant, si l'on compare entre elles l'Allemagne, la France, l'Autriche, on constatera d'assez grandes différences pour admettre que ces pays se complètent mutuellement d'une façon quelconque, qu'ils ont chacun quelques produits spéciaux à livrer aux autres; on trouvera enfin que, pour la masse des objets de première nécessité, ils soutiennent à peu près la concurrence les uns des autres. On ne doit pas oublier que la concurrence est indestructible, elle existe dans l'intérieur de chaque pays entre les diverses provinces, les diverses villes, les diverses situations. Celui-ci est près du consommateur, celui-là en est loin; l'un est au bord de la mer et l'autre est au fond des terres; il en est qui jouissent d'un chemin de fer, ou d'un fleuve, d'un canal, ou qui possèdent à proximité des chutes d'eau, des mines et d'autres avantages. Tant mieux pour eux, il faut que les autres s'ingénient à leur opposer un mérite, une qualité, un je ne sais quoi qu'ils n'ont pas. Mais ce qui est nécessaire, ce qui est inévitable, ce dont ils sont obligés de prendre leur parti : c'est qu'ils doivent vivre en famille, et même qu'il est de leur devoir de

ne pas faire trop mauvais ménage dans la commune
patrie : l'émulation est leur salut, la lutte pourrait
être leur perte. Or, l'extension du territoire économique, le reculement des frontières, l'union avec quelques voisins ne changeraient pas sensiblement cette
situation. Il y aurait bien *quelques concurrents* de plus,
mais en même temps aussi *beaucoup de consommateurs ;*
il faudra travailler un peu plus durement, mais on
gagnera aussi plus largement. Ici, comme toujours, la
victoire est au plus actif, au plus habile, au plus in-
telligent.

En résumé, plus on étudie la question d'une union
commerciale, plus on voit que l'idée est réalisable.
On reconnaît sans doute en même temps qu'elle présente beaucoup de difficultés, mais aucune n'est insur-
montable, on constate qu'il y a quelques sacrifices à
faire, mais aussi qu'il y a de larges compensations. Ce
qui est indispensable pour atteindre au succès, c'est que
les États en question y mettent de la bonne volonté,
c'est la foi qui remue les montagnes. Peut-être serait-
ce trop demander que de vouloir atteindre le but d'un
seul coup, mais rien n'empêche de s'y acheminer. C'est
par degrés qu'on monte à la pointe de la pyramide.
Qu'on commence par établir un traité de commerce
plus étroit entre les six États de l'Europe centrale,
qu'on se mette à élaborer un tarif commun, ou, si
l'on ne parvient pas à s'entendre sur tous les points,
qu'on réduise autant que possible les points sur lesquels
on diffère, et, au fur et à mesure qu'on verra croître
la prospérité industrielle par suite de l'agrandissement
des débouchés, le courage d'avoir la bonne volonté
croîtra et l'idée s'approchera de sa réalisation.

Ce ne sont là que des avantages économiques, mais,
dit le proverbe, un bien ne vient jamais seul ; avec
le progrès matériel, quoi qu'en aient dit certains mora-

listes à courte vue, le progrès moral vient aussi ; lorsque la misère diminue, le niveau intellectuel s'élève ; et quand un groupe de 130 millions d'hommes sont intéressés à la paix, aucune guerre ne vient troubler le monde civilisé.

TABLE DES MATIÈRES

IMPRIMERIE CENTRALE DES CHEMINS DE FER. — A. CHAIX ET Cⁱᵉ,
RUE BERGÈRE, 20, À PARIS. — 62-9.

IMPRIMERIE CENTRALE DES CHEMINS DE FER. — A. CHAIX ET Cⁱᵉ
RUE BERGÈRE, 20, A PARIS.